重度公主病 × 慣性疑神疑鬼 ×
超強占有慾 × 極度完美主義 ×
無底線退讓……
在盲目
先改掉

在「被愛」之前 先學會自我療癒

LOVE PSYCHOLOGY

胡美玉 著

為什麼關於愛情有那麼多老生常談？
因為總有一個妳會在愛裡受傷！

建立內在安全感、結束不健康關係、適度自我肯定……
先成為「獨立個體」，再來練習愛與被愛！
學會告別病態關係，慢慢自我修復的「戀愛心理學」！

目錄

目錄

第4章　不管是對是錯，都要有買單的精神

目錄

第6章　當你不知道他在想什麼時，這段感情就成為悲劇了

第7章　如果你是梁山伯，就請放了祝英台

第10章　不要試圖打敗誰，而是一起贏世界

前言

人們常說「男人不壞，女人不愛」，一個男人只有帶著那麼一點「壞」的感覺，女人們才會覺得這段感情有趣；就像巧克力嚼起來有點苦，又有點甜，但整體來說卻叫人迷戀。於是，幾乎所有的女孩子都想往「壞男人」的懷裡鑽。

可是，什麼樣的女人更容易受到男人們的青睞呢？

這個問題一定不要去問男人，因為他一定會說：她必溫順、聽話、善良、恭謙，最好是上得了廳堂，下得了廚房，也就是典型的賢妻良母型。

男人們為什麼會這麼想呢？如果女人們照做，成為了一個「賢妻良母」會是什麼樣的結果呢？

大家都知道秦香蓮，為了丈夫能夠高中狀元，她可謂吃盡了苦頭，可是當丈夫真的中了狀元後，她得到的又是什麼呢？是丈夫的忘恩負義、拋妻棄子，甚至為了徹底甩掉政治前途中的包袱，不惜雇用殺手殺害母子三人。

在現實生活中，這樣的例子也許略顯極端，但不可否認的是，仍然有不少男人多少都有點「陳世美」。

一個好女人，卻反而常常碰到「陳世美」，這究竟是怎麼一回事？有人一針見血地指出，怪就要怪這個女人太好了。女人的過度付出不僅會助長男人不負責任的習慣，更可能把一些平時的好男人「培養」成「渣男」。

正是因為如此，常可以聽到有女人抱怨說：「我為他做了這麼多，為什麼只換來被拋棄的悲慘命運？」「他當時的條件那麼差，我不顧親人的反對，義無反顧地跟他在一起，如今生活好過了，他卻去找別的女人，難道女人天生就該薄命嗎？」

其實，往往這類「薄命女」，恰恰是因為過分的好、過分的付出，最終在失去自我的同時，也失去了幸福。

說到這裡，你還想做一個傳統意義上的好女人嗎？

想抓住自己的幸福，而不是將幸福綁在他人身上，就要從拒絕做「好女人」開始。

那麼，應該怎麼樣做女人呢？

《聊齋志異》中曾反覆出現一個形象，那就是「狐狸精」，在我們看來，這些「女子」靠迷惑男子、吸人精氣為生，所以，在現實生活中碰到那些善於迷惑男人的女人，我們常稱為「狐狸精」，好女人們都恨不得除之而後快！

可是，一個不可否認的事實是，男人們大多對狐狸精一樣的壞女人欲罷不能！

這是為什麼呢？

其實，在男人的心底都隱藏著這樣一個祕密：他們渴望跟好女人一起過日子，但卻渴望跟壞女人談戀愛！

當然，這種「壞」並非指殺人放火、取人性命的那種，而是指一種敢愛敢恨、個性鮮明，帶有一種輕佻野性的迷人魅力。這種魅力是多數好女人所不具備的。

一個女人只有帶有這麼一股「壞」的感覺，才更容易征服男人的心；因為男人通常酷愛冒險和征服，而一個足夠壞的女人，無疑正好滿足了男人的這種心理。當男人在生活中遇到這樣一個女人，他往往會不惜任何代價地去爭取和挑戰，哪怕出軌、哪怕傾家蕩產。

所以，女人們真正需要做的，就是變得「壞」一點。女人足夠「壞」，才能更輕易地征服男人的心。

前言

這本書就是教你怎樣變得「壞」一點，當然，它並非是要把你教壞，而是讓你懂得怎麼樣牢牢抓住男人的心，怎麼樣在充滿變數的感情生活中，更好地把握住愛情的方向，懂得怎麼樣才能不讓幸福那麼容易溜走。動情容易、守情最難，看過本書你就會懂得，守住一份愛，並不是多麼難以辦到的事，關鍵是抓住其中的規律，善用愛情的小心機。

面對愛情，女人們的腦子彷彿在一瞬間當了機，這時候最容易迷失自己，忘記自己的本來目的。這本書就是一份提醒，告訴女孩們，愛情不是等來的，一味地付出也並不一定能換來好的結果，唯有善動腦，情場中才能無往不勝！

第1章

愛情是「壞人」之間的遊戲

愛情是人類永恆的話題，在愛情裡，每個人都面對著類似於向左走還是向右走的問題，到底是該跟隨心靈的悸動，為愛情不顧一切？還是該聽從自己的習慣，不願意做任何改變？又或者是即使陷入愛情也保持一定的理智。在愛情紛紛擾擾的各種論調中，我們用這種不一樣的方式來詮釋愛情，也許，這會為大家帶來更多啟發。

✦女人不「壞」，男人不愛

女人喜歡「壞男人」。同樣的，男人也喜歡「壞」女人。這個「壞」女人有兩層含義，一個是人後的「壞」女人，一個是人前的「壞」女人。我們都知道後者壞女人的意思，「小三」、「狐狸精」之類的都是這類壞女人的代名詞。但是，什麼是人後的「壞」女人呢？男人不是都喜歡落落大方、賢妻良母型的女性嗎？怎麼又說要做壞女人呢？

這就是我們今天要討論的話題：女人為什麼要壞？女人要怎麼壞，才能恰到好處？

首先，第一個問題：女人為什麼要壞？

某一次和幾個閨蜜在聊天，大家的話題不知不覺地就繞到了這個問題上。紀言比較偏激，把所有的錯都推到了男人身上：「真不明白那些男人眼睛都長到哪裡去了！不管是在學校還是公司，稍微看得上眼的好男人都被一些『壞女人』霸占了，最讓人生氣的的是那些男人還被管得服服貼貼，真不知道那些女人有什麼好。舉止隨便、一說話就是嗲聲嗲氣、嘰嘰喳喳的，整天還遊手好閒，只知道穿衣打扮，偏偏這樣的女人天生命好，只要她們看中的男人，一定有辦法追到手，真不知道她們到底用了什麼手段？」

對此，卡伊倒是表現得異常淡定，反駁她說：「這也不能怪男人，她們雖然有種種缺點，但是一定有一種老實女孩沒有的特殊魅力，可能是一句挑逗的言語，也可能是大膽的表白，也許還有一些技巧，都滿足了男人追求刺激的隱藏欲望。都說男人是下半身動物，這種時候，你還指望他能用大腦思考嗎？隨便舉一個小例子，從對面走過來兩個女孩子，一個穿的是運動裝，一個穿的是低胸的超短裙，在所有背景、長相都不考慮的情況下，我敢保證百分之九十九的男人都會把視線專注在穿超短裙的女孩子，即使她可能沒有那麼漂亮。這是男人身體裡一種本能的渴望或對刺激的需求。那些壞女人正好滿足了這一種需求，所以她們成功了。如果你做到讓一個男人對你無動於衷，那不是成功，反而是一種最大的失敗。」

其實，她們兩人的意見都是屬於比較偏激的那種，但有一點不可否認：

會壞的女人，的確比不會壞的女人更受男人青睞。如果你不會去揣摩男人的心理、不去了解他需要什麼、看重什麼、在乎什麼，你根本就抓不住他。人類社會發展到今天，追求幸福的觀念在改變，追求的品味也在改變，現在不是你會洗衣、煮飯伺候他就會滿足、會喜歡你的年代了，你要有自己獨立的一面讓他欣賞、要懂得自強自立。一些存在於大腦裡的傳統觀念，要隨著時代的變化而變化，女人應該如何在這種變化快速的時代爭寵？又如何永遠在男人面前都有吸引力？該不該「壞」，要怎麼「壞」，就要看你自己的悟性和對分寸的把握了。

1. 講究策略，打一巴掌再給個甜頭

男人們總是有這樣、那樣的毛病，這些毛病在女人看起來簡直無法理解，甚至有的根本就已經達到無法相信的程度。但男人們對這些毛病卻早已經習以為常。

這時，女人們應該堅決地開始行動，運用多種手段讓他們乖乖地跟著自己的指揮行動——直到能做到這種程度：「叫他往東不敢往西，叫他坐著不會躺著。」

那麼，到底應該怎麼做才對呢？

吵？當然不是。

鬧？當然也不是。

一哭二鬧三上吊？拜託，現在已經是21世紀了，能不能有點新鮮的招數？

真正永遠有效，並且放之四海皆準的，只有一句：打一巴掌，再給個甜頭！男人們自然而然就會開始趨利避害，然後也就會自然而然地，按照你的意願行事了。

2.掌握壞的用量，只對他一個人壞

男人喜歡征服的感覺，喜歡看一個女人在他的影響下發生種種奇妙的變化，尤其當一個「野性難除」的女人被自己征服，這種成就感是任何事都無法取代的。所以，女人們要適當地野性一點、壞一點。但這種壞和野性是有分寸的，並非本質的，只有主色調是好的，「壞」才能被襯托得非常有個性。不能一直好，否則會讓人疲勞；也不能一直壞，會把人嚇跑。

要記住：男人也是普通人，並不是傳說中的超人，永遠只能扮成強者的樣子。給他一點被動的期待，他也會像你離不開他一樣離不開你的。

適當地「不規矩」一點

生活中風險可以說無處不在，其實愛情也同樣如此，每個女孩都想找到最棒的另一半，可是真正地把他帶回家後才發現，自己竟然挑到了「最差」的那個。所以，美國心理學博士約翰・范・埃普（John Van Epp）才忠告世人：別把混蛋當Honey！並且把這個道理寫成一本非常暢銷的書。

相信很多人都有過這樣的經歷：當你瘋狂地愛上一個人之後，就會把所有的判斷力與觀察力都拋諸腦後，全心全意地認定眼前這個人就是最棒的那一個，可是最後的結果卻常常令人跌破眼鏡。

不只女人會這樣，在愛情中號稱「獵人」的男人也同樣難以逃脫這樣的命運。有一位在事業上頗有建樹的男人曾抱怨說：當他把溫柔賢慧的她娶回家後，不出幾日便發現，自己犯了一個多麼大的錯，竟然將一個不折不扣的潑婦請回家！

看來愛情真的是一個危險物品，一旦你不夠謹慎，就可能導致你一輩子宛如身處狼窩、虎穴，終生都難求安寧了。

為什麼我們已經這麼用心地去愛了，也付出真誠了，結果卻總是難如人意呢？這是因為人們都太容易被愛情的表象蒙蔽了。愛情看起來很美，可是古人用嘗盡百草的經驗告訴我們，越是豔麗的花草，毒性往往越猛烈。

這個說法如今看來還真是應驗。不過，這麼豔麗的愛情並非不可嘗試。只不過，嘗試的時候僅僅保持謹慎是遠遠不夠的。

有一個聰明的白領女孩，經朋友介紹認識了一個長相不錯、收入中等的男孩，男孩一眼喜歡上了女孩，不過女孩卻遲遲不肯明確答覆，但卻同意跟他約會、共度週末。這令男孩感到很奇怪。

這樣的關係他們足足維持了一年，最後女孩終於答應當男孩的女朋友，兩人的關係一直非常穩定。

但到了談婚論嫁的時候，女孩也顯得非常「不乾脆」，經過了很長時間的拉鋸戰，兩人才得以步入婚姻。

當周圍的人閃婚、閃離，紛紛表達對愛情的失望和不滿時，女孩和男孩的愛情卻仍走得十分平穩。

有人覺得奇怪，這個女孩也沒做什麼啊，為什麼卻獲得了一份非常穩定的愛情呢？其實，這個女孩並非什麼都沒做，這也正是她的聰明之處。當陷入愛情的時候，女孩並沒有完全喪失理智，她想盡辦法融入他的人際關係，不僅僅透過與他的相處，更透過他周圍的朋友去了解真實的他。當面臨婚姻的選擇時，女孩更是做出一個很大膽的舉動，她雇用了私家偵探去「調查」他。當然，這一切她不會告訴他，最後的結果證明這個男孩對她是非常真誠的，所以，最後她答應了他的求婚。

在我們普通人眼中，這名女孩的做法有點極端，但她的目的卻是可以理解的。結婚是一輩子的事，想真正地了解一個人，只靠婚前相處的時間和接觸，很明顯是辦不到的。為什麼很多人因為不了解而開始，卻因了解而分開？就是因為事先沒有真正了解對方，事後才覺得後悔莫及。可笑的是，當時我們卻篤定地認為自己已經足夠了解對方了。

那些青梅竹馬的愛情和日久生情的愛情，常常令人十分羨慕，因為雙方都對對方有足夠的了解，和一個認識的人一起生活，跟和一個「不怎麼認識」的人一起生活，可能導致的結果和風險都是不難猜測的。

愛情和交朋友是不一樣的，朋友交到了不好的，我們可以選擇遠離，甚至絕交，可在愛情中如果我們嫁錯了人，那結果就嚴重多了。即便可以用離婚來解決，可是造成的財力和感情上的損失，卻是難以估計的，而若是不離婚，那一輩子都將過得異常辛苦。

所以，我們需要找一個足夠認識的人，即便他可能不那麼優秀，但也沒多麼糟，這樣未來即使我們過不上多麼高檔的生活，至少也不會過得太慘。當然，我們也並非要像故事中的女孩那樣，雇用偵探去調查對方，她的故事帶給我們的啟發是，談戀愛之前，要先想盡辦法了解真實的他是怎樣的，論及婚嫁之前，更要對對方真實的情況有比較細緻的了解，以便確定雙方共同生活後的方向。最忌諱的就是什麼都不做，老老實實地等對方出牌，把主動權完全拋給了對方。

✦當「參與者」，別當「旁觀者」

不論是愛情還是婚姻，雙方甚至是多方的關係都必須達到平衡，這樣關係才能穩固。如果有一方是用「置身事外」的方式處理自己在愛情或是家庭中的地位，就永遠無法達到平衡。

「我不敢惹你，我還不能躲你嗎？」這種話如果是在「戰術型撤退」時說，那是用一種迂迴的方式處理事情；但是如果一個人在自己的感情問題上總抱持這樣的態度，最後這段感情的問題一定會爆發。就像玩蹺蹺板的時候，如果總是只有一個人用力，那這個遊戲大多時候是玩不下去的。

不競爭、不參與就意味著要被淘汰。就好比現在很多的傳統老品牌在堅持傳統的同時，也都調整了自己的傳統。為什麼要這麼做呢？因為如果不增加產量、不增加影響力，這些傳統老品牌就會面臨消失的危機。自然界中的適者生存法則在任何時候都存在。想要找到一個優秀的伴侶並跟他建立穩固的關係，「什麼都不做」肯定是行不通的。大家的身邊甚至在自己身上總是會發生這樣的事：自己對某人有好感，感覺對方也有反應，結果因為太過矜持就只是不斷地暗示、不斷地等待，結果通常是——被比你更加大膽、更堅持的別人捷足先登，自己只能默默覺得倒楣，還得假裝有風度地祝福人家。

想要在愛情的領域裡「有所得」，首先就要成為故事的「參與者」而不是「旁觀者」。要當就要當自己生活的主角，被動接受只能讓自己成為可憐的「犧牲品」。

另外，在愛情裡，一昧的「無私奉獻」也是不可取的，完全放棄權益、放棄自我，這並不是高尚，而是一種不負責任。就像最難煮的菜叫做「隨便」，當你去別人家裡做客，人家想好好招待你，問你想吃點什麼時，很多人會覺得說「隨便」是一種體貼，但其實你一說「隨便」，人家反而不知道如何是好了；相反的如果你大大方方地說幾道家常菜的名字，大家都覺得輕鬆。兩人交往也是如此，約會的時候誰都不說想去哪、都說讓對方決定，結果在路上耽誤一個小時，這樣兩個人都掃興。如果兩個人都把自己的意見說出來、好好商量，計劃一個雙方都滿意的約會，這樣浪漫的約會就能順利進行。所以，說出自己的意見、保留自己的權力是很重要的。

跟小說和童話中，純潔善良的女性往往能有一個完美丈夫這樣的幻想相比，現實生活中，像這種單純依附於男人生存、什麼都不懂的女人，被拋棄的可能性最大；另一種情況則是對女人百依百順的男人往往不招女孩子喜歡。「毫無個性」是愛情中的大忌，因為對方就是要用你的個性區分你和別人，如果你和每一個人都差不多，那人家為什麼還要非你不可？誰都不想要將來的伴侶只是一個毫無活力的洋娃娃，這樣的話人家幹嘛還費心地尋找一個伴侶，這和自己一個人生活也沒多大的差別呀。

「我都聽你的」這樣的話在外人面前說說、讓自己的伴侶有面子就好了，真的這樣做的人叫笨蛋！如果兩人相處過程中有一個人對每件事情都抱著這樣的態度，另一個人一開始可能會覺得高興，但時間一長，就會覺得受不了了。

有個男人去相親，對方是一個長相清秀的嬌小女子，兩人約在一個公園見面，見面後男人的想請她吃飯，問她去哪吃，女子低頭小聲回答：「聽你的。」男子心中暗喜，覺得遇到了溫柔的美女……結果呢？當媒人詢問時，這男子卻說不太合適，再也不敢見那女孩了。原因就是後來不管這男的問「吃什麼？要不要喝咖啡？要不要看電影？」所有帶有選擇性的問題，女孩一律都回答「聽你的」，這下男人覺得受不了，就決定放棄這次相親了。

請大家也想一下這種情況，在愛情裡如果放棄自己的參與權，得到的不一定是對方的體諒，也可能會讓對方覺得不知所措。

先動「腦」後動情

人們都說：「愛情是盲目的」、「愛情可以讓人的智商歸0」。的確，沉浸在愛情中的人很少能保留自己的理智，但是，讓人失去理智的愛也可能會產生不好的後果。看看現在那些匆匆結婚又匆匆離婚的人、同居後有了孩子才發現雙方不適合，結果導致孩子沒人管。我們承認愛情是美好的，所以我們不應該讓那些不理智的愛所造成的不良結果抹黑了純潔的愛情。

在愛情中，也請保留三分清醒吧，這並不是冷血，而是一種成熟處理感情問題的態度，因為感情用事的人很容易好心辦壞事。

小林發誓，以後再也不衝動做事了。她是大學三年級的學生，有一個同年級但不同系的男友。男友斯斯文文的，兩人感情也不錯，而且兩個人的家離得不遠，他們決定一畢業就回家鄉工作，這樣比起那些距離天南地北、畢業即分手的同學們好很多，也讓很多人羨慕。

這麼完美的一段戀情，小林很滿意，但是有一天，小林的室友卻告訴小林：「你有情敵了！」原來有一個大二的學妹正在追求小林的男友，一開始小林也沒放在心上，畢竟自己跟男友感情穩定，沒必要總是疑神疑鬼的，小林在開玩笑似的得到男友的保證之後，也就不再多想這件事了。問題是，在這之後，關於男友移情別戀的傳言越演越烈，這下小林坐不住了，剛好在小林去找男友的路上，竟然見到男友笑著在和那個女生說話，這下小林一下子就發火了，她發誓絕不能讓「狐狸精」好過。

接下來，小林不僅跑到那個女生的教室去找她，還大聲宣揚她搶別人的男友，最後事情傳到了女孩父母那裡。氣得那女生的父母趕來教訓她一頓，最後女孩子受不了大家異樣的眼光，服安眠藥自殺了。幸虧她的室友看她不對勁，把她救了下來，才沒出大事。

小林聽說之後嚇壞了，男友也很不諒解她的行為，他請朋友和同學證明他早就和那女孩說清楚了，女孩也早死了這條心，只當普通朋友，那些傳言只是大家謠傳而已，現在弄成這樣反而不好收場了。小林一看自己闖了大禍，迅速地帶了禮物去醫院道歉，但是女孩的家長也沒多說什麼，只是以最快的速度幫女兒辦了休學，以免再受到刺激。

這件事情，雖然對方一開始搶別人男友的行為不太好，後期心理承受能力也很差，但是畢竟對方也沒做太過分的事，小林這樣一鬧，反而弄出了更大的風波。

後來，小林跟男友順利結婚了，但是這份內疚始終跟隨著她，她告訴自己感情上的事，衝動地處理只會傷人傷己，她再也不敢衝動行事了。

所以人在享受愛情的同時，一定要保持謹慎的態度，這樣不僅是保護身邊的人，同時也是一種自我保護。理智的態度有助於一個人找到好的戀人和另一半，就如同在一場賭局中，只有保持冷靜，才能對對手和周圍環境做出合理的分析和判斷，確定哪一種行動能讓自己獲得更多的利益。在愛情中留有三分冷靜，才能給自己找個「好對手」。想要下棋，也得先看清自己下的是哪種棋，然後弄清楚規則，而不是一上場就擺弄棋子，否則用圍棋的規則下五子棋，那肯定會輸的。

現在為什麼會有那麼多「剩男剩女」呢?有的人是因為交際的範圍太小，有的人則是因為不會挑選交往對象，選的全是不合適的。如果是以結婚為前提而選擇交往對象，就要比較理智地進行選擇，不要要求過高，整天活在幻想中；更不要漫無目的地隨便亂找。

有一句話說「男人不壞，女人不愛」，的確壞男人有一股中規中矩的男人所沒有的魅力，但是，我們不建議女人去找這種男人生活，這樣會讓人活得很累；當然，如果你是同樣厲害的「高手」，能把對方吃得死死的，那你也許可以嘗試。男人也是，壞女人可不是那麼好馴服的，還是小心為上。當自己真的受到「愛情高手」的吸引時，就要用自己的理智去判斷面前這個人適不適合自己、能不能與自己好好過日子；畢竟再有魅力的人，如果只是跟你玩玩，那你就要果斷地捨棄。

帶著頭腦生活、帶著頭腦談戀愛，這樣的女人更能得到男人的尊重和欣賞。

填飽肚子再說愛

不可否認，戀愛也是需要力氣的，如果你連牽起對方手的力氣都沒有，哪有能力去談戀愛呢？更不用說去面對以後的大風大浪了。所以，我們要知道，即使是再純潔浪漫的愛情，它也是依附著現實存在的，只要在我們還活在現實當中，它就不可避免地會包含庸俗的部分。

我們就說最俗的——錢的問題。每對情侶交往的時候，關於花錢都有自己的方式，有的人戀愛中全都是男人付錢、有的會讓男的付大部分、女人付剩下的、有比較先進的講究AA制，還有些特殊情況是女人花的錢比較多（當女方條件比男方好很多的時候）。但不論是哪一種方式，讓出了「利」的人一般都會不自覺地要求更多的「權」。

我們一個一個分析，男人負責付錢的這種情況，可能是男人比較大男子主義，覺得男人就該為自己的女人花錢；再來就是上司與下屬或包養的關係了。在這種情況下，一般男人都會要求女人要聽自己的、要溫馴、乖巧，而男人承擔大部分經濟責任，這是以前比較常見的情況，主要是受到傳統社會風俗影響。使用AA制的就是屬於比較前衛的做法，採用這種做法的情侶往往在關係中比較獨立，但是這屬於比較新的做法，能拿捏好這之中的分寸，男女雙方的關係就會比較正常，如果處理不好，反而容易讓雙方心理失衡。畢竟人們會覺得什麼都分得太清楚的話，就不叫親密關係了。最後一種情況是女人負責付錢，這種情況更危險，一般在這種情況下的男人是比較沒地位的；溫馴對有些女人是美德，但對男人可就不是什麼太好的形容了。

這個「經濟基礎決定上層建築」用在此處也合適，除非你們談戀愛不花錢，不然只要存在著金錢，就存在著利益糾葛，即使這個利益糾葛被「感情」這兩個字包裝起來也一樣。

再退一萬步講，最不把錢放在眼裡的一對情侶，也還是會產生別的糾紛，不因為錢，其他原因也會引起愛情中兩人對權力的爭奪。比如說，遇到事情誰說了算？話語權和掌控權這兩個詞可不只會出現在國際事務糾紛中，伴侶之間也存在著對話語權和掌控權的爭奪。這就是大多數情侶、夫妻吵架的根本原因，而這樣的爭奪，有時候是無法避免的，例如：今晚該吃什麼？

生活就是由一堆細微的事情組成的，很多事情都在等著人來下決定，在這無數個決定當中，兩個人肯定會有意見分歧的情況，這種時候，誰來決定，就要靠溝通來解決了。這樣的溝通其實就是一場簡略的談判和辯論，如果溝通解決不了問題，就會產生爭吵。

生活中遇到的問題千頭萬緒，不是光靠愛情兩個字就能解決的，你可以忍讓，但是除了聖人以外，這世上大概找不到誰能忍讓一輩子。所以愛情中的「爭奪戰」是不可避免的事情。我們可以相信愛情，但是不可以把愛情想像成完美的童話，只有更早地正視愛情中可能遇到的問題、做好心理準備，才能在愛情中少一點挫折。

有一位家境富有的女子，因為太相信愛情，落得雖然有千萬家產卻差點無家可歸的下場。

林小姐兩年前和丈夫離婚了，但在她看來，這是一場假離婚，是為了應對所謂的「家族企業問題」，是為了把自己名下的股份名正言順地集中在老公名下，以便應對家族中其他人企圖轉移公司所有權的計畫。

她老公在讓她簽下離婚協議的同時，還讓林小姐簽下了自動放棄離婚後應得財產——家族企業百分之十五的股份的協議。而老公也表現得像是自己所說的那樣，雖然離婚了，但還是跟林小姐一起住在他們的別墅中。

誰知道離婚協定簽署兩年以後，老公突然不見蹤影，接著有人通知林小姐盡快搬離別墅。甚至林小姐娘家的人還看見了林小姐的老公和另一個女人還有一個三歲多的小女孩一起生活。

仔細打聽之下，林小姐就清楚了解了老公的意圖，原來如果對離婚後財產分割有異議，想提起訴訟是有一定年限的。也就是說，老公為了不用分財產就把林小姐趕出家門，選擇了欺騙的手段。

當然，這是一個極端的例子，但也足以證明，即使是愛情、婚姻，也不一定就是完全如童話純潔美麗，無論如何，在某些方面，大家一定要有清晰的認知才對。

衝動是魔鬼，面子是壞蛋

真的愛一個人的表現是什麼？大多數人會希望能和自己所愛的人組成家庭、白頭到老。但怎麼樣才能達到這樣的目的呢？當然是讓他也這樣的愛著你、願意和你共同生活才對。不過有句話說欲速則不達，為了你未來好幾十年的幸福，你有必要靜下心來處理感情，才能讓你和自己所愛的人走得更遠、走得更穩。

年少時的愛雖然美麗動人，但卻往往不能長久，其中的原因就在於人在那時都很青澀、缺乏理智，不知道該怎麼處理感情的問題，以至於一點小事就可能讓兩個人分開。只有人長大了、學會了冷靜地處理問題之後，才能留住身邊的人。人要學著長大，用大人的眼光去看待問題，用成熟的方法去處理問題，才能盡量做到不傷人、不傷己。

都說相愛容易相守難，可能兩個人從相識到相愛需要經過很多波折，但是這朵愛情之花還是脆弱的，可能一經風霜，便會從枝頭凋落。人總是很容易被自己在乎的人所傷害，其原因就是這份在乎，因為在乎所以變得失去判斷力、因為在乎所以受傷。為了能和自己所愛的人長長久久，就一定要更加謹慎，用成熟的態度處理感情問題，越是深愛、想要珍惜的人越該如此。

很多人，只要一衝動就管不住嘴，所有該說的、不該說的都一下子吐出來，容易傷人的狠話也跟著脫口而出，得到的只是一時的快感，還有長久的後悔。所以，愛情中衝動是魔鬼，越是愛一個人，越要認真地對待，盡量不要說不真心的話，特別是別說不真心的壞話。

愛情中，我們要的不是面子，而是尊嚴，既不能因為愛情而讓自己變得卑微、讓自己失去自我。同樣的，既然愛了，也不要只想著面子問題，為了所謂的面子而失去愛情，這是最愚蠢的。

前陣子，一個同學會上，幾個男人都在吹噓自己的女朋友對自己有多好、多在乎自己，誰都不服輸。於是喝多了的大家開始打賭，他們互相打電話給別人的女友，通知她們說她的男友在外面被打傷了，讓她們趕快趕到現場。

其中三個都到了現場，來了之後就狠狠地埋怨了自己的男友，說讓她們擔心了。有一個姍姍來遲，她男友覺得沒面子，也狠狠地數落了女友一頓。他的女友轉頭就走，然後就提了分手。事後他才知道，女友因為擔心他，開車的時候差點出了車禍，和路上的車發生糾紛，所以才花了比較多時間。結果到了現場，才知道原來這僅僅是男人之間幼稚的遊戲，女友覺得受了委屈，更感受到男友的不成熟，傷心的她最終選擇了分手。

愛情中，大家都會面臨太多太多的問題，請謹記要把衝動和面子扔掉以後再去解決這些問題。

在問題出現之前，就先確立好自己的立場，比起總是放不下面子、等到問題出現了再爭吵、再解決問題要好得多。

比如說財產問題，戀愛中的人談起錢來往往覺得不好意思，覺得是對愛情的玷汙，但是一旦問題擺在眼前，反而變得不好解決了。現在的婚前財產協議就是由此而來。

把你不能接受的事物提前告訴對方，這也是很有必要的，因為每個人看待事情的方式都是不一樣的。你覺得是小事，別人也許覺得是大事，你不先說清楚對方怎麼樣也想不到。所以有時候醜話說在前頭，好過於到時候吵得不可開交。

別上演八點檔裡演的的狗血情節。

有時候我們看電視劇裡的情節會覺得很虛假、很狗血。女主角一看到別的女人趴在自己喜歡的男人懷裡，馬上轉身就走，然後遠走他鄉，讓男人遍尋不著，直到幾年後解開誤會，可是自己（或對方）身邊已經有了一個不能辜負的人。

很多人會鄙視這樣的情節，但事實上，很多人也會犯這種狗血的錯誤。這是不理智的人常常會犯的錯，有的人對明明沒有發生的事也要歇斯底里，讓雙方無法繼續走下去；有的人則是事實明顯擺在那裡還自欺欺人。

我們真正需要做的是冷靜思考、理智分析，只做對自己和自己的愛情有利的事情，而別當讓親者痛、仇者快的衝動的傻瓜。

過於知書達理就如同白開水一般

古代女子，出嫁要等男方家人來提親，婚後吃飯要等待丈夫回來才能吃，丈夫尋花問柳也只有等丈夫歸來的份，就算是接到一紙休書，也只得默默地流淚接受。主動？那個年代的社會剝奪了女人的一切主動權。

直到現在，很多女人骨子裡還是習慣被動地選擇接受與不接受，很少選擇主動去追求什麼。以夫為天的時代已經過去了，愛情是由兩個人共同經營的，處處等待另一方行動，就等於放棄了自己的主動權，把愛情交給那人一人經營，再怎麼愛，時間長了也會覺得累。

在拳擊比賽中，不能只見招拆招，等待時機、主動出擊才能贏得勝利。又比如說，生意場上雙方談生意，買方提出對貨物的品質要求和自己能提出的最高價，賣方說不行。於是買方退讓了一小步，賣方還說不行，這樣生意肯定談不成。既然是談，就得雙方都參與才能稱得上是談。談戀愛也是如此。

男人最怕事事都要男人做主還要處處挑剔的女人。這點可以在吃飯點餐的時候察覺到。

在一齣電視劇裡面男主和女主吃飯的一幕，讓很多男人看了之後拍案稱奇、深有同感。

男主問：「我們吃什麼？」女主溫柔地說：「隨便。」

結果男主說吃中式，女主說不好吃，說吃火鍋，她嫌太油膩，吃海鮮，她也不願意……她爽快地反駁每個選項。

男主頭痛地說：「那你想吃什麼？」女主溫柔地說：「都可以。」

男主說：「那我們回家吧！怎麼回去？」女主說：「看你。」

男主忍住一肚子火，「叫車？」「叫車很浪費耶！又沒多遠。」

「搭公車？」「搭公車很擠耶，現在剛好是下班期間。」

「散步？」「還沒吃飯，肚子空空的散什麼步啊！」

「那我們吃飯吧！」「好。」

「吃什麼？」「隨便你。」

聽了這句，男主的眉頭都糾結成一整塊了。

男人累，女人也不開心，兩個人約會到底追求什麼呢？

主動是當代社會賦予女人的權力，不要白白浪費自己的權力。女人需要適時地主動掌握自己的幸福。

主動是在伴侶冷落你時，你大聲地告訴他：「你！不用看別人，就是你，該陪我逛街、看電影了。你沒有反駁權。跟我去吧。」男人就是喜歡女人偶爾的「蠻不講理」，過於知書達理的女人會讓男人覺得生活索然無味，就像白開水一樣。

主動是不再等待、不再暗示他對你說愛，而是向他傾訴：「我愛你。」在他為你做了什麼的時候，這樣對他說，他會覺得自己的忙碌沒有白費。在你們吵架時，看著他的眼睛，這樣對他說，他會想馬上抱抱你，爭吵立刻就會消失了，有的只是感動縈繞心上。

主動是神祕地準備一場燭光晚餐，給他一個大大的驚喜。驚喜不是只有女人喜歡，男人也很受用。當女人主動想辦法讓男人開心時，男人是最幸福的。這等同於大聲向他宣告「我愛你」。

主動是伴侶每天早上出門上班時給他一個吻。根據調查，男人在早上收到一個吻再出門心情會非常愉悅，出門時開車發生事故的機率會降低百分之六十。除此以外，工作效率也會提高。

主動是在他放棄你們的感情時，你把愛情追回來。

一個丈夫對妻子提出離婚，原因是他愛上了另一個女孩。妻子沉默了一下，「晚上一起吃個飯吧。」丈夫答應了。

三杯酒下肚，妻子問他：「那個女孩是什麼樣的人？」他提起女孩就高興地說，她是一個很單純的女孩子，可以因為他為她在夜市的攤子上買的耳環就開心好一陣子。妻子笑而不語，靜靜地聽著他陶醉地描述。

第二天，丈夫醒來，發現一封信。

信中寫道：如果你看完這封信還堅持離婚，我不會反對。如果你和我離婚、和她結婚，你遲早會發現你只是把和我一起走過的路和她又走了一遍。我也年輕過、單純過，她為你做的事我也做過，我們在一起也曾是那麼開心。但是在結婚後，我必須學會理智地處理好家庭的每一件事，我們的感情不是消失了，而是變成了親情，更加的平淡與踏實……

丈夫看完立刻就反悔了，他發現自己差點就做了一件最愚蠢的事，於是毫不猶豫把準備好的離婚協議書撕掉了，而妻子就在客廳等他。

愛情是兩個人的事，放棄主動權就是對自己的愛情不負責任。

第2章

不是找最好的，而是找最合適的

愛情，是選擇的結果還是被選擇的結果？事實上相愛和被愛就像是力與反作用力，一方的行為會對對方的態度和行為造成影響。從戀愛心理學的角度分析，如果一個人在愛情中的作風偏向含蓄，得到的結果往往是不樂觀的。事實證明，很多時候，如果把自己定位成被動的一方，會把事情搞砸。

切忌「一成不變」

我們常常碰到這種女孩，她有明確的擇偶條件，比如非留學生不嫁、身高低於 180 公分的不嫁、眼睛太小的不嫁等等。

她們這樣想必然有她們的道理，可是這樣做真的能為自己贏得幸福嗎？

我們都知道，身處商場就如身在戰場一樣，不僅要做到步步為營，同時也要眼觀六路、耳聽八方，隨時根據對手的行動來改變自己的策略，這樣才能保證自己的最大利益。在愛情中也是如此，每個人的愛情，就如同一場賭局，沒有哪一段感情是可以從頭到尾一成不變的，所以，想要「情場得意」，就要用動態的眼光來看待愛情，不僅要注意愛的主觀環境，也就是雙方的情況，同時也要兼顧愛情的客觀環境，也就是社會環境。

只有這樣，我們的愛情才不僅僅是停留在浪漫的夢幻中。

擇偶標準在每個人的每個生活階段也會變化，青春期乃至於大學前期，我們覺得一張「face」很重要；等到大學畢業後的「失業期」，才發現漂亮的臉不能當飯吃，於是大家紛紛尋找麵包與愛情之間的平衡點；等到工作了幾年，發現自己也老大不小了，選擇另一半就像進行數據分析與綜合評價，分數高的就可以考慮。

當然，在這之中，個人的偏好也是重要因素，有人喜歡皮膚白的、有的人喜歡溫柔的，所謂「青菜蘿蔔各有所好」就是這個道理。

在愛情這場賭局中，挑選一個適合的「對手」，才能保證你的這場「戰爭」打得有聲有色、有滋有味，讓「對戰的雙方」都能享受其中，才能期望達到一個好的結果。張愛玲說，男人一生中都會有自己的「紅玫瑰」和「白玫瑰」。其實不只男人，女人的一生中也會遇到不只一個讓自己心動的選擇，有時一個人甚至會同時遇到兩個以上似乎合適的選擇，那到底誰會是自己真正的另外一半？

要挑選一個好的交往對象，首先自己要有明確的目標才能實現，最重要的是，我們要排除高風險人物，比如說已婚的、已經有伴的，這種人因為其「高危險性」，有時候會讓人產生類似於禁忌的刺激感，但是後患非常大，是在挑戰自己及周圍人的道德底線，為了避免自己在情不自禁的狀況下犯錯，請在一開始就把這種人堅決地排除在外。

在愛情中要守住本心，不可以有隨波逐流的想法。舉例來說，大家都喜歡做事情滴水不漏、不讓別人操心的男人，但是換個角度想，如果女人選擇這種伴侶，就要承受一定的風險——他也會將外遇的事情處理得滴水不漏，女人被拋棄還有苦說不出的可能性也非常大，對於駕馭不了這種男人的女人來說，選擇這種戀人就是一種很危險的行為了。

因為人都是貪心的，多少都曾產生過想要一個外貌好、家世好、品行優秀的戀人的想法，但又會在現實中意識到這是不可能的事，從而放棄自己認為不重要的特質。從博弈的角度講，為了某些利益而捨棄另一部分利益，這是很自然的事情，根據自己的需求並考量周圍環境，選擇適合自己的伴侶，並且隨時「更新」自己的觀點，才是最正確的擇偶方式。

人是會「移情別戀」的。換言之，就是在不同時期會喜歡上不同的人。很多人承認，自己在小學時期，會喜歡上一個人；到了國中，又會自然地喜歡上另外一個人；然後上了高中，又會有別的人不經意地闖入自己的世界，並代替了「前任」；到了大學，又會出現新的……

這種「移情別戀」其實是一種正常行為，主要是因為人本能地對新環境的好奇——探索——融合，並隨著閱歷的增長，擇偶條件隨時在「修正」。

所以，不要再抱著死板的標準去選擇另一半了，我們需要不斷地完善愛情觀，慢慢了解自己並懂得自己需要什麼樣的伴侶，這樣才能獲得圓滿的幸福愛情。

✦不要局限於「吃窩邊草」

常常會聽到有些人這樣抱怨：幾年來我談了幾次戀愛，可是為什麼，找的另一半卻都不盡如人意？挑來挑去全都不是自己的菜，還因此蹉跎了青春，甚至在不得不結婚的時候「矮子裡頭選將軍」，匆匆選一個看似還可以的人，等到真的在一起了，又覺得跟對方一起生活實在不能忍受，實在是害人害己。

事實上，會有這種情況發生，是因為你比較習慣吃嘴邊的食物。一般來說，女人擇偶都習慣性地從自己的追求者中選一個，但這樣做有著很大的缺點，其一，把你高高捧著的人，他比你「差」的機率會比較高一點，若是條件好的人，他的身邊會有很多「狩獵者」，一般情況下，他是不會自己主動出擊的；其二，是你的選擇面會越來越窄，追求你的人必須先認識你，但是如果你不主動擴大人際交往的範圍，認識你的人大部分就只是你的朋友、同學還有同事。仔細想一下，在這種情況下，你有機會認識更多的人嗎？

如果你覺得自己就是「找窩邊草來吃」的「兔子」之一，趕快行動，逃出「霍布森選擇法則（Hobson's Choice）」的圈子吧！

所謂「霍布森選擇法則」，源自於英國劍橋商人霍布森的一種生意手段，他對顧客說自己的馬廄很大、馬很多，讓顧客「隨便挑選」，但是，他的馬廄門很小，又高又壯的馬根本出不來，顧客最後挑出來的，不是瘦馬就是小馬。這種看似隨便選其實根本沒有選擇餘地的選擇，就是「霍布森選擇法則」。

現在，很多人都是這樣的，過於強調形式主義，以為自己保有並行使了自己的選擇權，但事實上，這種自以為的選擇害了自己。思維的僵化使人狹隘，當你以為自己走得很遠而沾沾自喜時，其實不過就像是一頭被綁在石磨上的驢子，即使你再努力地向前走，走過的也不過只是方寸之地。

所以，即使身邊有幾個貌似不錯的追求者，也先不要急著沾沾自喜，先看看這些「網裡的魚」品質如何，找尋自己的另一半可不需要一條路走到底。

曾經有一次，筆者參加朋友姐姐的婚禮，獲得很深刻的感慨，新娘子長得漂亮又小有存款，新郎卻其貌不揚，聽說還帶著小孩。試著去釐清新娘為什麼會選這種條件的丈夫，還甘願當小孩後母，結果就是因為新娘前幾年忙於工作，個性又比較內向，所以一直維持單身，直到年過三十，家人們不斷催促，加上身邊的追求者就只有兩位，於是衡量之後選了這位先生。後來私下問她，以你的條件怎麼沒選一個適合一點的？結果她回答，倒是有一個條件不錯的，可是人家也沒追我呀！

這回答真是讓人昏倒，忘了還可以「倒追」嗎？30歲了，難道就不能為了自己的人生努力看看嗎？

為了不讓自己成為「霍布森選擇法則」的受害者，請一定要盡量擴大自己的交友圈，不要只盯著眼前的小小區域，這樣的人不管是工作和生活上都不會有多大的成就。盡量培養一點興趣愛好吧，多出去走走，就算不是為了認識更多、更好的異性，僅是為了擴大交友圈、學習更多知識，也是不錯的選擇。

現在很多有能力的人會去進修一些讓人感覺很厲害的課程，當然價格也不簡單，但是去的人大多都覺得「這筆錢花得值得」，就是因為能認識到很多平常不可能有交集的人，很多人都是上課上一上就認識了大客戶，或是找到了合作夥伴。

還有，女人也不一定就非得要等著被追求，要懂得為自己創造機會，機會總是會眷顧有準備的人。女人在保持自己女性的羞澀和矜持的同時，也並非不可以主動追求自己的幸福。坐等真命天子踏著七彩祥雲、身著金色鎧甲來接你的時代已經過去了。

現代女性們，拿出你們職場上「快、狠、準」的風範，好好地抓住你的 Mr. Right 吧！

✦當「獵人」，還是當「獵物」？

在電影《新娘百分百》裡有一個經典橋段：休．葛蘭（Hugh Grant）飾演的威廉住在倫敦西部的諾丁山，經營一家生意慘澹的旅遊書店。自從離婚後，他的愛情生活也是一片空白。這時，他意外地得到了著名女星安娜的吻。兩個人墜入了愛河。

但威廉有一個致命的缺點：他從來不主動。在兩人的交往中，一直是女主角一次次地「主動上門」。因為缺乏接受的勇氣，這個自卑的男人一次次地拒絕愛情的光臨。

這樣的傻瓜並不是只出現在電影裡，生活中為愛踟躕的人並不少，尤其是女孩。在傳統的觀念裡，女孩沒有被賦予追求愛的權力，她們只能被動接受。她們永遠不能理解的是：明明當初都是你主動，為什麼最後受傷的卻是我？

經濟學中有一個基本的概念，稱為「先行者優勢（first mover advantage）」，就是指第一個採取行動的人，會擁有其他人不可比擬的優勢並獲得更多的利益。例如初戀，也許你的初戀並沒有多麼優秀，你們甚至連手都沒有牽過。但這並不影響你在回想那段時光的時候，仍然會激動不已。第一個跟你說「我愛你」的人，也比以後其他追求你的人更加讓你印象深刻。

那麼，在愛情裡，先行者優勢表現在哪些地方呢？

冠宇和雅雯是一對相愛的情侶，但因為工作關係兩人產生了分歧。冠宇是新聞系畢業的，上電視成為一位風光的主播，是他長久以來的心願。但雅雯卻喜歡安穩的生活，不喜歡大城市偏快的節奏，更想留在家鄉。但兩個人都不想要對方為了自己而放棄心中的夢想。那要如何才能得到兩人都滿意的結果呢？

如果我們現在給他們對生活的滿意度一個評分標準。那麼，我們就可以看到這樣的結果：選擇大城市，冠宇的滿意度為3、雅雯的滿意度為2；選擇留下，冠宇的滿意度為2、雅雯的滿意度為3。選擇哪一種都沒有明顯的優勢，權衡的最終結果就在於誰先下手，誰先提出自己的想法，誰就擁有了主動權，對方會因為不願意反對你的決定而同意你的說法。這就是所謂的「先下手為強」。

在愛情裡有一條恐怖定律：誰先動心誰就輸了。因為愛情到來時，兩人一見鍾情的機率少之又少，多數情況下都是一方主動，想方設法靠近另一方。你愛他，他沒那麼愛你；他愛她，她又沒那麼愛他。先動心的一方，總會對愛抱有太多期望、傾注太多的情感。在患得患失中，很多人就這樣與對方失之交臂了。

《新娘百分百》的最後，威廉．薩克（William Thacker）鼓起勇氣，闖入記者會，在關鍵時刻向心上人表達了自己的心意，最後抱得美人歸，這就是進步。愛情裡沒有那麼多的規範，主動一點反而更占優勢。把自己的愛掌握在自己手裡，不就是最安全、最有保障的嗎？

但也有人對此持反對意見。王家衛的電影裡有一句著名的臺詞：「與其被別人拒絕，不如先拒絕別人。」很多在愛情中受過傷的人都喜歡把這句話當做自己的座右銘，沉浸在過去的傷痛裡，再也不想打開自己的心扉。在他們看來，主動會增加自己受傷的機會，因為只要你主動一次，以後就要永遠主動下去，對方已經習慣了你的付出，如果所謂的愛情只是一個人拚命演出的獨角戲，那這場感情還有什麼美好可言？

這些理由也並非沒有道理，但畢竟你還愛過不是嗎？喜歡被動接受的人也許會過得容易一點，但他們最悲哀的是根本不知道自己真正的情感。他們只是等著有人來愛他，如果對方主動，即使這個人他不喜歡，也會被他的愛所感動，最後接受對方。萬一這個人收回了他的愛，他就會痛不欲生。不是因為失去了他，而是覺得自己的犧牲沒有換來應有的回報。但主動付出的人卻不會這樣，他們對每一次付出的感情都擁有美好的記憶，做好自己該做的事，即使有一天愛消失了，也只是生命裡的一個歷程，痛苦卻美好。

追根究柢，在愛情中究竟要當獵人還是獵物，都沒有那麼重要。所謂誰先主動，只是愛情中的一點小技巧，當兩個人準備白首偕老的時候，還會再計較當初是你先動心還是我先動心嗎？

所以，不要相信誰先動心誰就輸了的傳言，關鍵是要看清你身處的位置和堅定自己的態度。如果你不願意承受愛情消失和戀人變心所帶來的創傷，只想感受對方的呵護，可以選擇保留自己的感情；如果你能確定自己的目標，就按自己的想法去做吧！如果對方不懂得珍惜，把你的付出視為理所當然，那麼，這樣的人不要也罷！

「方向」比「努力」更重要

愛到了盡頭，曾經最愛的人成為心底最恨的人，是他變了還是你變了？還是世事總愛捉弄人呢？

你們相識了。他對你的關心和無微不至的照顧，讓你心裡滿滿的全是幸福，眼睛裡映射的全是他的各種優點。他的溫柔是優點；身上淡淡的菸草味道展現他的男人味，是優點；在遊戲裡大顯身手總是能擊敗對手，也是優點；他與朋友出去吃飯、喝酒，表現得落落大方，更是優點。他會跟你講他小時候和同伴們一起偷王老先生家的西瓜，被逮到後四處逃竄；偷走別人家的雞後，幾個夥伴跑到村子外烤來吃，這些故事每每都會把你逗得開心地笑。這就是愛情的開始，簡簡單單地愛，在你眼裡他是完美的，他身上每一個特點都吸引著你。他是愛你的，你是愛他的，沒有爭吵、只有快樂。

你們開始交往了。你們每天都想黏在一起，一日不見如隔三秋。你會因為他約會遲到而著急，會因為他誇獎別的女生而吃醋，會因為他一整天沒有跟你聯繫而生氣。你越來越在乎他了。你開始注意他的飲食，試圖戒掉他愛抽菸的毛病，會告訴他不要常常玩遊戲對眼睛不好。在剛開始時，他總是答應得很乾脆，說他以後不抽菸了、再也不玩遊戲了，但是行動依然沒有改變。他會因為打電話給你但因為你在通話中而發脾氣，質問你在跟誰聊天，你會跟他解釋、說他愛吃醋。

周而復始，你們開始喋喋不休地吵架。他對你不再殷勤，他有時候對你的嘮叨、勸解、抱怨很反感。你因為他忽視你、冷落你感到傷心，因而向他抱怨。他經常玩遊戲玩到忘記你們的約會，每天幾包菸讓他身上有著濃濃的菸味，你對他發脾氣、和他吵架、生氣都已經沒有作用了。每吵一次架，心中的怨恨便多了一分，原本心中滿滿的愛也隨著削減一分。直到心中的愛已經所剩無幾、怨恨累積得快要溢出來，你們再也忍受不了對方，最後只能分手、各自走自己的路了。

曾經最愛的人，以為他可以與你白頭偕老，如今卻是你心中最恨的人。是他變了嗎？沒有。他一直是那個愛抽菸、喜歡玩遊戲的他。是你變了嗎？也沒有。那是什麼讓兩個相愛的人分道揚鑣呢？是你一開始就選錯了人。

你以為只要相愛就能天長地久嗎？如果那樣的話，為什麼還那麼多人離婚？愛情從來都是千迴百轉的事，要不然怎麼會有那麼多痴男怨女呢？有些人認為兩個人只要一直堅貞不渝地愛對方，不管發生什麼事都不放棄，就會天長地久。想要天長地久確實需要毅力與堅持，但是感情有時候是勉強不來的。性格差太多、合不來的兩個人卻堅持生活在一起一輩子，豈不是一件很痛苦的事嗎？與其這樣兩個人痛苦，還不如各自再次尋找適合自己的人。

兩個人在剛認識的時候，還不夠了解對方，展現在對方面前的當然都是好的一面。也許這些好會讓你為對方著迷，但是愛情是一件嚴肅的事，容不得半點差錯。選錯人談戀愛就是錯誤的開始，會有錯誤的過程，然後錯誤的結束，錯誤產生了無限的痛苦。一段失敗的愛情經歷會對人的一生產生很大的影響，很多人會因為失敗的感情經歷而一蹶不振，不敢重新開始。

所以，談戀愛一定要睜大眼睛找對人。

在兩個人互相了解、準備談戀愛的時候，一定要頭腦清醒。要冷靜地想想對方是不是和你真的適合。在對方展現他的優點的同時也要留意他的缺點。如果你不能包容對方身上的缺點，就不能擁有他的優點。

如果你是一個缺乏安全感的女人，就不要找一個很風流、處處留情的男人。一個風流倜儻的男人為一個女人變成痴情老公的情節是小說裡用來吸引讀者的，現實中就不要輕易相信了。如果你從小當慣了小公主，那就聽我的，找一個溫柔體貼、脾氣好的男人吧，最好還大你幾歲。當然了，如果你是個不婚主義者，千萬別招惹那種忠厚踏實的男人來害人害己。

所以呢，不要往錯誤的方向走太遠，否則你會找不到回來的路，一定要了解什麼人是你人生中的過眼雲煙、什麼人是你一輩子的伴侶。總之，選對人，才是幸福的開始，選錯了人，不管怎麼努力，也只是錯上加錯而已。

不要期望找到最大的「麥穗」

愛情究竟是什麼？

年輕的柏拉圖（Plato）也曾經這樣問他的老師。老師當下沒有給他答案，而是帶他到一片麥田裡，讓他從中摘下一顆最大、最金黃的麥穗，期間只能摘一次，並且只能向前走，不能回頭。

柏拉圖照老師的話走進了麥田，但當他從麥田走出來的時候，卻是兩手空空。

老師問他為什麼沒有摘到，柏拉圖沮喪地說：「我曾經遇到一顆又大又金黃的麥穗，但因為只能摘一次，而且不能走回頭路，我不知道前面是不是會有更大的，所以沒有摘。等到我走到最後面時，卻再也沒有發現比上一個更好的了。原來最大、最金黃的麥穗早就被我錯過了，所以，我什麼也沒有摘到。」

老師沒有責怪他，笑笑說：「這就是愛情。」

這就是著名的「麥穗理論」。米蘭・昆德拉（Milan Kundera）曾經說過：「人永遠無法知道自己要什麼。因為人只能活一次，既不能拿它跟前世相比，也不能在來世加以修正。沒有任何方法可以驗證哪種選擇是好的，因為不存在比較。一切都是立刻發生、僅此一次、不能準備。就好像一個演員沒有準備就上了舞臺。」這句話也是對麥穗理論的絕妙解釋。

每個人都想在這一生中找到自己的真愛，但生活的故事卻不像小說裡寫的那麼神奇。沒有哪兩個人在街頭相遇，就能突然心有靈犀，互相擁抱說：「啊，你就是我一直在找的另一半！」這個機率太小了。我們最常見的狀況是，兜兜轉轉一圈後，赫然發現那人就在燈火闌珊處，但他的身邊卻早已有人相守。

歌手賴銘偉曾經在《康熙來了》中，講過自己最刻骨銘心的愛情故事：

那年，他十八、十九歲，還是一個普通人。就是那個時候，他遇到了剛剛離婚的她，她對他很好，雖然她的年紀比他大很多，依然沒有阻擋愛情的發生。

但他真的是太年輕了，他的世界很單純。但她不一樣，一次短暫的婚姻給她留下了很深的傷痕，賴銘偉經常在她接完電話後，發現她早已淚流滿面。十八、十九歲的他怎麼能處理得了這麼複雜的感情？他提出了分手。說到這裡，他的聲音已經哽咽：「她的個性很要強，我曾經送過她一條項鍊。我離開的那天，她用力地扯下項鍊，還給我。因為太用力，脖子都滲出了血。」後來，賴銘偉覺得自己錯怪了她，想要挽回。但卻失去了她的消息。他們沒有共同的朋友，就這樣失去了聯繫。過了很久，他偶然聯繫到她的妹妹，才知道她已經去世了。

五年後，他終於找到了她，但她已經再也聽不到他、看不到他了。他看到她牆上的照片，因為時間太長，已經泛黃、斑駁了。他終於說出了這麼多年後見到她的第一句話：「好久沒見，你怎麼這麼老了……」

當他含淚講完的時候，現場的嘉賓都為之動容，連一向「鐵石心腸」的小S都悄悄在一邊拭淚。他說，這段感情雖然不是他的初戀，卻是他最刻骨銘心的一段經歷。其實，換成任何人都是如此吧，因為這段時光已經沒有再回來的可能了。

我們經常對正在談戀愛的朋友說：你們要好好珍惜對方。但有幾個人能夠做到？就像麥田裡的柏拉圖一樣，總以為最好的還在後面，結果放棄了最不該放棄的那個人。有人說，這正是愛情的美麗之處，不可預知、不可掌握。其實不然，愛情是有規律可循的，只要掌握技巧，這樣的悲劇是可以避免的。

愛情的麥田比真正的麥田要遼闊很多，誘惑也多很多。不管你撿了哪個麥穗，前面一定會有更大、更好的麥穗等著你。但換位思考一下，你也是麥田裡的一個麥穗，你能保證自己是最好的那一個嗎？在你拿著麥穗東張西望的時候，可能對方也在望著旁邊的麥田。愛情中最不幸的也正是這種人。

面對這種情況，最重要的不是比較自己手裡的麥穗是不是最大的、最好的，而要看它是不是在最恰當的時機出現的，在愛情中想要打勝仗，也需要天時地利人和。戀人們都希望能夠修成正果。這時，你就要進行分析了：如果這份感情在你心目中的分量是無限大，那麼就要堅定地走下去；如果你對對方失去了往日的感情，就對自己下手狠一點，勇敢地放手。不管你的選擇是什麼，如果能夠讓自己無悔、如果給你一個重新再來的機會，你仍會堅持當初的抉擇，那就是你現在要做的最好的決定。

我們不是遇不到更好的人，而是因為已經遇到了讓你不需要再有另一個更好選擇的人。不管你處在愛情中的哪個階段，可能都做過一些令你悔不當初的事。但過去的事情已經無法改變，已經投入的也不能挽回。不管出現什麼樣的意外，都要讓自己冷靜地看待已經失去的機會、珍惜眼前的一切。

追根究柢，愛情不是麥穗，我們沒有一個統一的標準，規定什麼樣的愛情才是最圓滿的愛情。錯過的愛是真的那麼好，還是因為已經錯過了它才顯得那麼美好呢？誰也沒有答案。

既然愛是這樣的撲朔迷離。那麼，如何不讓自己做出日後會後悔的決定、如何在合適的時間找到最合適的麥穗，就是我們下面要介紹的內容。

✦不要遇到一條河，就以為它是海洋

在鄉下長大的宜臻，高中一畢業後就在父母的安排下與家住附近的家豪結了婚。一年後，兩人有了孩子。在孩子一歲的時候，宜臻和朋友一起去了城市裡工作。

她的第一份工作是在餐廳當服務生，薪水不是很高，但是慢慢在城市裡打開眼界的宜臻，開始煥發出了不同於以往的美麗。她有白皙的皮膚、盈盈若水的雙眸，還有一股來自小鎮的純淨氣息，由於年輕，也沒有因為生育而身材走樣，同時她也很能幹，很快就升職成為經理。老實說，這樣的宜臻，是家豪配不上的。

餐廳的員工還有一些客人因此開始關注宜臻，但她記得自己是一個孩子的母親，也記得自己只是為了賺錢而工作。直到某一天，店裡來了說法語的客人，大家無法跟他溝通，還好一位顧客過來幫忙解了圍。宜臻很感謝這位顧客，從而記住了這位常常一個人來吃晚餐的客人——傑森。

傑森是一家外商公司的經理，在國外留學五年後回國，精通多種語言，為人也斯文有禮，他從不多說什麼，但是從他的眼神中，宜臻看到了名為愛慕的光。她曾想過要逃避，但又放不下剛剛才得到的升職機會。而且，像這樣從前想都不敢想的優秀男人的追求，不正是每個女人的夢想嗎？鬼使神差似的，宜臻沒有道出自己已婚的事實，而且漸漸地，傑森提出的五次邀約中，她也會答應一兩次，傑森帶她去踏青或購物，讓她享受到在她這個年紀真正該有的甜蜜戀愛。一年後，傑森求婚了，宜臻進退兩難，她受過的教育、她的道德觀還有她的愛情，時時在撕裂著她的心。

最終，她給傑森看了自己兒子的照片，宜臻永遠忘不了傑森眼中的震驚和痛苦。最後傑森很憔悴地離開了，他接受不了自己竟然當了一年的「小王」。後來宜臻總在回憶中恍惚地想，自己不該在太年輕的時候輕易地接受了第一個遇上的男人，要不也不會因為這個「第一個」斷絕了自己未來的所有可能。

也許在上國中、高中的時候，爸爸、媽媽為了防止我們太早談戀愛，都會這樣對大家說：「不要輕易下結論，因為以後你會遇到更好的。」那時候大家可能都不以為然，尤其是在心中已經有暗戀或是已經有戀人的時候，我們會覺得這是父母的藉口，可是回過頭來想想，有幾個人的初戀是適合共度一生的那個人呢？當我們真正長大了，眼光隨著自己經歷了更多而變高的時候，就會看到當初自己覺得很好很好的「白馬王子」其實只是一個幼稚的「小屁孩」，或許會覺得即使沒有父母的反對，沒有因為畢業而分開，自己也絕不可能和這個人共度一生。

誠然，人的初戀，大多數是懵懂的，結果也大多都無疾而終，但其中卻有大多數回憶會讓人覺得自己至死不忘。這背後的原因，是個人心理上對回憶的美化有了深刻的影響。其實從整個人生來看，選擇第一個遇到的人是非常危險的賭博。因為這個時期的你沒有經驗也沒有很準確的眼光，你會很容易和自己想像中的美好形象墜入愛河，固執地認為這就是你想要的那個人。就好像一條小魚，剛從小溪遊到河中，便認為這已經是最廣闊的天地，而根本不想去看以後會遇到的湖和海。而且此時你也沒有足夠的經驗和判斷力去看清眼前這個人，更加不懂得怎麼處理這段感情。

不要貿然地做選擇，特別是不要只遇到一個人就覺得這是你人生中的另一半，因為你的人生也許才剛剛開始，你才剛睜開眼睛去看這個世界。不要太早下結論，一定要保持克制，然後多認識一些人、多給自己一些選擇，如此，做完真正的選擇以後你才不會後悔。

如果這個最初真的讓你非常非常心動，你可以先留下他的聯繫方式，等你覺得自己已經足夠成熟的時候再做決定。這樣做的同時也是給你們一個考驗，是真愛的話，短暫的分離應該不會成為變心的理由。不過，我們要說的是，真正這樣做的人，大多數都會發現不成熟的初戀，真的很容易因為時間、空間的阻隔而淡去。

✦學會「篩一篩」，過濾掉不夠優秀的人

有購物經驗的人都知道，不要在剛開始逛街時，進的第一家店就買東西，因為下一家店裡可能會有更物美價廉的東西在等著你。挑選交往對象也一樣，雖說不用著眼於整片森林，但起碼也要把森林裡的樹都看在眼裡，才能挑出一棵好的樹。

提升自己的眼界、站得更高，才能看到更多的人，只看身邊這兩三個人，怎麼能夠做出好的選擇呢？俗話說「貨比三家」，如果有追求者，不要看了覺得還不錯就急著答應，因為你還沒有看到下一個，說不定更合心意。拒絕前一個和你約會的人，選擇下一個會比之前的都好。有的人擔心太矜持會錯過機會，其實只要方法正確，是不會那麼容易成為剩男剩女的。為什麼這麼說？看這世上年齡相當的單身男女還這麼多，只看你能不能找到而已。

多去認識人，比較之後挑選出最適合自己的，比起總是被動接受，然後覺得著急、倉促地接受一個人，接著又覺得不合適，分手後再倉促接受下一個要好得多。很多剩男

剩女的出現就是因為對於愛情用錯了方法。

「貨比三家」的第一步，是主動選擇而不是被選擇，許多人在這個環節會有點害羞的。暗戀一個人好幾年而不敢表白，選擇默默關心、默默守護，期待有一天那個人會走到你面前，但是如果那個人也會害羞呢？要是早點採取行動，可以的話就在一起，不行的話就找下個目標。幾乎每次同學會上，總是有這樣的對話。「你不知道吧？我們還是同學的時候我偷偷暗戀你，那時候我家和你家根本就不順路，可是我還是每天假裝『巧遇』你。」「其實我對你也很有好感啊！你為什麼不早說？」「不然現在開始也不晚，要不然我們相處看看？」「算了吧，我兒子都多大了。」

這些知道錯過了才敢開玩笑似說出口的感情，如果當時能勇敢一點，至少也是一段美好的回憶啊。但是，就是由於這種害羞和怕丟臉的作風，造就了一大堆痴男怨女。悲劇雖然讓人感慨，但我們還是希望多看到一些 HAPPY ENDING，相信大家也喜歡美好的現實生活而不是徒留美好的回憶。

所以，希望我們能改變被動接受的習慣，勇敢地主動走出追求幸福的第一步，即使是可能受傷害，但也很有可能收穫一份美好的戀情，只是如果什麼也不做，就注定什麼也得不到。

勇敢之外，還要注意的是不要為了虛榮而開始一段戀情，千萬不要被自己的虛榮誤導而接受某個追求者。很多人會因為追求者的條件好，比如說長得帥，或是家世好而和對方在一起，是大家的「羨慕」讓你選擇了這個人。這是很多人都會犯的錯誤。

曾經有一個女孩子，為了和大學室友當中的比她條件好的另一個女孩子賭氣，就接受了一個富二代的追求。結果富二代的家人看在兒子臉上勉強接受了她，但是根本就看不起她，就把她當免費保姆使喚。先生的新鮮勁過後就在外面拈花惹草，可是又不肯離婚，因為也找不到像她這樣賢慧的女人了。她就生活在這樣的牢籠裡，更嚴重的是，她根本就不愛她那個除了靠家裡的錢惹是生非，其他什麼都不會的男人。好好的一個二十三、二十四歲的女孩，結婚剛過兩年就已經憔悴得不成人形了。

所以除非你只靠虛榮就能活得很好，否則不要因為這種原因答應你的追求者。

據說還有一種理性派戀愛法，就是拒絕掉前面37％的人。這種做法乍聽起來似乎有點過於死板，但其實拒絕前面37％的追求者的理由，不但是要給自己足夠的時間進行比較，還因為這樣能適當提高自己的自信。適當拒絕幾個人，不僅能看看這些追求者的誠意（真正有誠意的追求者不會被拒絕一次就放棄），而且也能吸引更多有實力的追求者。

很多男人都有這樣的習慣，他們習慣觀察周圍環境後鎖定幾個目標，找出適合自己的目標並找機會接觸，接著在接觸中找出最適合的開始追求。而這種會「選擇」別人的男人通常都比較優秀。如果，你很容易就被某個人「搞定」，更優秀的男人就會和你擦肩而過。

所以，單身女人如果有意在新環境中尋找自己的愛情，就要學會「篩一篩」，適度地拒絕之後再做決定，有助於吸引更優秀的男人。

✦為自己負責，哪怕被稱作「滅絕師太」

有的人做事只憑一時的意氣，悶頭悶腦地橫衝直撞；有的人卻能有計畫地步步為營，最終達成自己的目標。想獲得愛情，不僅要靠熱情，還要講究方法，有些人習慣把對方逼得說「你想要我怎樣？我哪裡不對？我改！」這種情況，有的時候是對方有問題，但更多的時候是你用錯了方法。

既然愛了，就期待著最好的結局：你愛著對方，對方也有所回報，然後為你們的生活一起努力。為了這樣美好的未來，「有心機」一些也無妨。我們可以為自己當愛情獵人，慢慢地、一步步地把對方拉到自己身邊。一個合格的獵人，首先要能選擇符合要求的「獵物」。選的人要適合自己，而不只是選一個好人，人家條件好但不一定適合自己，很多人的人生中都有這樣一個人：「你是好人，但就是走不進我心裡。」「如果我愛的是你，那該多好。」所以說，選擇的時候要保持平和的心態，選擇一個不一定最好但卻最適合自己的人。

接著我們來看相處的過程。大部分人談戀愛，都是遵循著動心、追求，成功的話就互相了解，熱戀然後將所有的熱情傾洩出去的過程，之後再尋求愛的突破，不是感情由濃轉淡，就是愛情昇華然後修成正果。在這個過程中，愛情是危機四伏的，由荷爾蒙影響而產生的熱情消失過後，兩人之間的問題就會爆發出來了。這就是很多人剛開始談戀愛的時候感覺很好，卻往往會夭折的原因。

所以，愛情需要「有計畫」地進行，這個「計畫」並不是說要量化愛情，然後像做實驗似地進行。而是說，在戀愛關係中，要有意識地控制愛情的節奏，注意做事情和說話的方式。同樣一件事，有的人就能做得讓人滿意，有的人就會讓人討厭；同樣的一件事，有的人說得讓人高興，有的人說得讓人想揍他一頓。李鴻章總打敗仗，只因為上奏摺的時候把「臣屢戰屢敗」改為「臣屢敗屢戰」，就從被處罰，變成被慈禧太后獎賞。這是說話、做事講究方法、控制節奏的最佳效果。節奏感的掌握是建立在對於所處情況和所交流的人有充分了解的前提下，再使用恰當的方式說話和做事才能達成的。

舉例來說，很多人覺得若即若離的態度能讓對方患得患失，從而更在乎自己，但這僅僅是對某些人而言，如果你對毫無耐性或是被慣壞了的人使用這種招數，人家說不定立刻就會調頭走掉。而想要做好「若即若離」也不是簡單的事情。什麼時候該「即」，哪個階段應該「離」、是「即」的時候多還是「離」的時候多，這些都需要有個分寸。

一場愛情和一場球賽一樣，誰掌握了節奏，誰就掌握了比賽，你讓對方快，對方就快，你讓對方慢，對方就得慢。交往時，你想矜持的時候，讓對方覺得愛情得來不易，更加珍惜你；你想熱情的時候，又能給對方驚喜；你想傷感的時候，對方就得陪你一起傷感。有的人就有這樣的「功力」，形同一個完整的愛情計畫，讓對方隨你的節奏起舞。

現代人做事都講究效率，愛情也是如此，最好是有付出就能得到回報。付出一點，然後觀察對方的反應，再決定下一步的行動，這樣才能一天比一天更了解對方也才更能夠貼近對方的心靈。這樣有計畫的付出與得到愛的方式比起那些盲目的、釋放熱情的愛更安全，更不容易受傷或是傷害別人，也更容易獲得成功。

這就好像自然界裡動物狩獵一樣，蜘蛛善於結網等待獵物上鉤；獅子先是匍匐前進，等接近獵物後再快速捕獲獵物；蝙蝠能利用超音波鎖定獵物的位置；變色龍能變換色彩融入周圍環境讓獵物看不到自己。如果這些動物狩獵時都是胡亂追趕，那牠們肯定會餓死。

人想要收穫愛情也需要像這樣先考慮好方式和方法，對於適合自己的，就大方接受；對於不適合自己的，就斷然拒絕。這才是真正地對自己負責，即便這樣顯得有些「絕情」，但比起那些看似不顧一切的愛要更妥當多了。

愛情猶如蹺蹺板，最適合兩個體重相近的人

「門當戶對」對我們來講似乎是個古老的詞，似乎是上一輩、上上一輩的事情了，現在的愛情是不分年齡、不分國界、不分身分的，這是現在許多年輕人的想法。但是，從戀愛心理學的角度來講，「門當戶對」的愛情更加穩定。

一場競技遊戲中，雙方實力差距太大，玩起來就會沒勁。就拿玩蹺蹺板來說，體重相近的人玩起來才有趣，如果一方的體重占絕對優勢，那這場遊戲就會變質，變成一個人舉另一個人，或者導致遊戲根本無法進行。

這並不是傳統的想法，而是事實就是如此。差距過大的愛情，有的人覺得這樣會比較刺激，但是卻很不穩定。例如現在女明星嫁入豪門的有很多，但是嫁了卻又黯然退場的也更多，比如說關之琳、楊紫瓊、賈靜雯、梁洛施等，這樣的案例比比皆是。說白了，伴侶雙方如果一方處於完全的優勢，另一方處於完全的劣勢，這根本就不是一場對

決；一面倒的戰爭不是戰爭，而是屠殺。

站在想讓交往關係更穩定的角度來看，「門當戶對」的另一半確實是更好的選擇。

小涼最近也做了一場豪門夢，因為她長得漂亮、學歷也不錯，品行在朋友之間也有口碑，正好就有朋友願意為她介紹。還真的有一個不到 40 歲的單身有錢人看上小涼了，可是人家追求她時，反而是小涼自己打了退堂鼓。

小涼說自己還是找一個普通人比較好，豪門的生活我們普通人消受不起，我的演技還差了一點，就不去湊熱鬧了。根本原因是這樣的，那位「豪門老公」先不談，那「豪門婆婆」就夠她受的了，講究的太多了，人家也不說看不起你，就一長串對國際名牌的看法，外加對全世界旅遊勝地的印象就讓小涼緊張不已，再加上人家吃飯時講究全套的用餐禮儀，這讓出身於小康之家的小涼心生退意。

如果未來的幾十年都是這樣度過，還不如死了算了，想「嫁入豪門」也只是受到社會環境影響，從沒做過心理準備的小涼馬上就棄械投降了。

有的人說小涼傻，但筆者不得不說她是一個難得清醒的女孩，因為勉強自己做力所不及的事情是很痛苦的，而且追求的還不一定是自己想要的生活，那就更不值得了。

不光只是物質條件，情侶之間的交往，也是找社會階層相近的人比較妥當，文盲與博士之間可能會擦出愛的火花，但是兩人能長相廝守的可能性卻不大。他們聽不懂對方在說什麼，共同語言更是無從談起，文盲可能會因此敏感自卑，博士需要花很多時間去安撫。周圍的人可能不會抱著祝福的態度，父母那關也不好過，這樣困難重重的愛，真的很難維持下去，至少會比差距小的情侶之間的愛情經營起來要困難很多。

清高的人可以蔑視金錢，但是，卻不能否認金錢的作用，有錢人家選個窮媳婦，就是可以對她雞蛋裡挑骨頭，我們知道這是不對的，但是比起窮人家挑剔已經做得很好的有錢媳婦，大家又彷彿更能接受前者。

說了這麼多就是想告訴大家，在擇偶的時候要盡量理智地選擇，如果沒有做好充分的準備，就盡量不要挑戰高難度，「明知山有虎，偏向虎山行」這樣的行為如果是有目的的就算了，如果什麼好處都沒有就往「虎山」上跑那就不叫勇敢，而是愚蠢。

如果真的因為愛情而不得不去面對門不當戶不對的情況，就算是對方沒表示什麼，也要提前做好面對麻煩的準備。如果你準備「下嫁」，就要先拋棄自己的優越感，否則娶有錢老婆的男人是很容易心理失衡的；想要攀高枝的女人同樣如此，需要做好準備，麻雀變鳳凰的情節一出差錯是會摔個大跤的。

總之，如果你想過的是一般人的生活，想要一份安穩的感情，那麼在自己的腦海裡就要有這樣的認知：選男人不要選與自己差距太大的。

第3章

談愛之前，先認清自己

愛情裡，少做「無本的買賣」，愛情中的一方如果完全沒有「本錢」，這對愛情來說是很危險的事情。所以，談戀愛的時候，好好地「認清」自己很重要，盲目地自信或者自卑都是非常可怕的狀態。在愛情裡，認識和保持自我都是關鍵，了解並保持自己的特質，是保持魅力的根本。

✦注意你的「角色」

很多朋友認為戀愛就只是美好甜蜜的，但其實兩個人的相處存在著力量的抗衡、智慧的博弈。說白了你在對方面前扮演的角色，決定了你在他心中的地位。

朋友麥芮是個有個性又獨立的女孩。她的男朋友在一家外商公司擔任部門經理，薪水頗為豐厚。當初對麥芮一見鍾情，瘋狂地追求麥芮半年之久，終於皇天不負苦心人，抱得美人歸。沒辦法，他就是喜歡麥芮。

兩人開始交往時，所有約會的開銷都是由麥芮的男友負責。每每逛街買東西，麥芮有如高傲的女王，喜歡什麼就買下來。被寵愛的戀情令人羨慕，麥芮也總是有著「男友賺的錢足夠兩個人花用，自己就不需要工作了」的想法。就這樣，原本一向獨立的麥芮開始依靠男友生活。剛開始相處時，兩個人不免會有些小爭吵，男友總是讓著麥芮，哄她高興。時間一長，男友的脾氣也慢慢變了。有一次麥芮無意中評論男友穿衣的品味時，他卻冷笑著說：至少我沒有花別人的錢來打扮自己。

長時間地依賴男友錢包的麥芮，被說得一陣臉紅。為了挽回面子，麥芮揚言分手來試探對方。此時，在麥芮男友的心中，她就是個只會花錢的寄生蟲，毅然決然地離開了麥芮。

找一個有錢男朋友的想法存在於很多女性心中。也許這是一件很有面子的事情，但並不是所有的男人都能永遠地慷慨大方，讓心愛的女人長時間地依賴自己的錢包。時間久了，脾氣再好的男人也會變得跋扈起來。因為，這個他心目中的女神，在他心中的地位已蕩然無存。「寄生」的角色會讓男人想要遠離。

戀愛中的女性朋友們，如果你不想總是看對方的臉色生活，那麼請盡量保持自己在男人心中的地位，打消「寄生」的想法，經濟獨立了，人才能獨立。哪怕收入遠不如你的男友，也要保住自己的工作。

相反，也有很多伴侶，日常生活瑣事都是女人來安排，男人總是依附在其身邊。說穿了，在男人心中這樣的女人就是母親、女傭甚至自己的免費勞工。不要小看這些生活瑣事，如果沒有一顆清楚的腦袋很難把一切安排得井井有條。戀人或夫妻之間，總是有一人安排這些瑣事，而貪圖舒適、害怕操心的那個人就只好聽從他人的指手畫腳了。

與麥芮相反，朋友薔薇總是扮演著「處理瑣事」的角色，不論是對待家人、朋友，還是男友，她總是事無鉅細，凡事親力親為。朋友舉行婚禮的禮物由她準備，家裡的電器壞了由她打電話給電器客服，在外用餐時由她點菜，甚至連男友出差都是由她來整理行李，甚至在上飛機之前還要囑咐一番。搞得男友一切都依靠她、順從她。她感到自己很威風，經常沉浸在指揮他人的愉悅中。

終於有一天，薔薇出差的時候，留守在家的男友竟然「劈腿」了，與認識不久的網友相戀了。他還對薔薇說：「在你面前，我找不到男人的尊嚴，就像在媽媽的眼皮底下一樣，只能順從。」經歷這件事後，薔薇才意識到自己以前的想法和做法是錯誤的。自己就像一名免費的女傭，終日勞碌卻得不到應有的回報。

女人不要用這種方式付出，即使你有能力處理日常的瑣事，也不要事事親為、一馬當先，不然會把男人慣壞。就像薔薇一樣，費力不討好，把自己弄到了非常尷尬的地步。要知道，男人是不會願意生活在「母親」的庇護下的，他們會離開母親，去尋找男人的世界。

接下來說說美姜的故事。

獨自到西藏旅行的她，將一路上的所見所聞發表在社群軟體上，不時還分享在西藏拍攝的相片，著實讓人羨慕。

美姜不但有膽識，還是個時尚的女孩，她能隨口說出當前最熱門的電影，脫口哼出最流行的歌曲；瀏覽新聞了解世界大事，是她每天必作的事；她還經常看暢銷書和期刊；不但知道哪家餐廳最熱門，還知道哪家餐廳最好吃；更知道著裝流行和化妝要領；最新穎的電子產品、手機有什麼功能、相機如何使用，各種品牌汽車的性能她也能娓娓道來；旅遊知識更不在話下，她去過許多地方，都能和你分享。

在很多方面她都能提供男友資訊和建議，思維也跟男友保持一致。在男友的心目中，美姜是一個有頭腦、有主見的女孩。這樣的女孩即使是性情溫和，男人也不會輕易在她面前放肆。因為她的不羈和勇氣讓男人感到不可忽視。

男人喜歡這樣的女人，因為他們總會在她們身上獲得意外的驚喜，建議和資訊能拓展他們的思維。駕馭這樣的女人雖然有些難度，但男人樂於挑戰，在他們心裡，這樣的女人和他處於一樣的地位。他中有你，你中有他。

女性朋友們，你究竟要在你的男友面前如何表現呢？在他心中對你如何定位呢？這就要看你們如何發揮智慧和才能了。

麥芮的「寄生」角色，換來的是男友的冷嘲熱諷，一旦男友中止供給，後果是不堪設想的。薔薇的「媽媽」角色，會使男友無所適從，一旦男友找到尊嚴，就會果斷地離開。而美姜的表現則不同，她用她的聰慧、膽識得到了男友的賞識。他把她放在與自己同等的地位，不分彼此，共同前進。

看到這裡，聰明的你一定知道該選擇哪種角色了。

只有笨蛋才會「打不還手」

原諒一次是寬容，原諒兩次是大度，原諒三次是縱容。

已經是第三次了，怡君面對承恩第三次的道歉，她不知道自己心裡滿滿的是憤怒還是失望。

第一次，通宵。承恩是一個愛玩的男孩，怡君和他在大學時開始交往，兩人是遠距離戀愛。連假的時候，怡君去找他玩，兩個人好不容易見面可以一起玩幾天。怡君住承恩女生同學的宿舍，兩個人白天相處，到了晚上分別的時候，承恩說明天早上七點半在樓下見面。兩個人約好時間後不捨地分別了。第二天早晨怡君興奮地等著承恩，卻是等了兩個小時也沒等到人，氣憤地回宿舍了。承恩一覺睡醒已經中午了，昨晚和室友通宵玩遊戲，睡醒了才想到和怡君的約會。

第二次，下班。承恩早上高高興興地告訴怡君，今天放假，下午要親自接怡君下班，怡君很高興，把鑰匙放在承恩手裡就去上班了。結果下班時承恩並沒有出現在他應該出現的地方。於是欣悅打電話給承恩，承恩的手機卻關機了，她想到承恩一定是在玩遊戲，欣悅就打電話給他經常一起玩遊戲的朋友，他的朋友滿口答應了。後來怡君走到公車站等著，結果空等了一個半小時。怡君苦笑了一下，搭上一輛公車，下車後本想直接回家，可鑰匙還在承恩手裡，於是怡君去了網咖，找到承恩後冷著臉拿走了鑰匙。承恩自知理虧，像個做錯事的孩子，但他把鑰匙給了怡君後，還是放不下他的遊戲，回過頭繼續玩，心裡想，反正怡君已經生氣了，也不差這一點了。

第三次，吃飯。怡君下班回家，承恩正在玩遊戲。怡君叫承恩一起出去吃飯，承恩說過一會打完這一場就過去。怡君答應後耐心地等著。十分鐘過去了，怡君問好了沒，承恩說快了快了，打完這一場。半小時過去了，怡君又問了一次，承恩說再十分鐘就好。一小時過去了，怡君已經打消了詢問的念頭，只是等著。兩小時過去了，承恩依舊玩得不亦樂乎。怡君知道沒有等的必要了，默默做了自己該做的事。到了十點，怡君已經洗漱好準備去睡覺了，承恩還在玩遊戲……

怡君對心理諮商師說她對於承恩玩遊戲上癮十分苦惱。諮商師問她有沒有採取過什麼措施，她說「哭過、鬧過，也冷戰過，但都沒用。跟他也提過分手，但是他每次都苦苦地求我原諒，我又那麼愛他，最後還是捨不得分手。」聽到這裡，大家應該已經了然，這個男人在第一次嘗到甜頭後就抓住了怡君心軟的弱點，毫無顧忌地犯錯，反正怡君那麼愛他也捨不得分手，大不了哄一哄就沒事了。

諮商師告訴怡君，這件事不盡早處理，以後他就會更加肆無忌憚。你應該和他好好談談，告訴他問題在哪裡，然後讓他知道你雖然愛他，但不會和遊戲分享自己的男友，如果遊戲上癮沒辦法處理的話兩人就和平分手。讓他說清楚到底能不能修正自己的行為，能修正的話就制定一個懲罰機制，懲罰機制一定要是他最受不了的、最怕的。如果不能改就直接分手吧，這種男人成不了什麼大事，不要也罷。懲罰的時候絕不能手軟，犯規超過三次直接分手。如果你做不到這一點，就等著向他投降吧。

和伴侶相處最應該講究策略，這是一場長期的比賽。當他第一次做出傷害你的事，你的態度是最重要的，他在偷偷觀察你的態度並計劃下一步行動。處理事情時，要想想如果你這麼做他會有什麼反應、會給他造成什麼樣的影響。如果你輕易就原諒他，他內心會竊喜犯錯也沒什麼大不了的，這麼簡單就能糊弄過去。那麼應該怎麼處理呢？沒必要吵吵鬧鬧，而是要嚴厲地告訴他事情的嚴重性，表示自己不是一個手軟的人，這次可以算了，但是沒有下次。冷冷對待他幾天，如果他鬧彆扭再跟他撒個嬌。如果他敢有第二次，就要狠狠地給他個教訓，回娘家、跪算盤都已經過時了，這些辦法只會讓男人的臉皮越來越厚，還顯得你很強勢、讓他產生反抗的念頭。切斷經濟來源最為實際，愛玩遊戲的就把家裡網路切斷，連錢也沒有看他怎麼去網咖。而且做這些還要提前告訴他，這都是對你的懲罰。如果有第三次就不會懲罰你了，我會直接離開。

女人千萬別對男人一哭二鬧三上吊，這是最蠢的方法。男人最擅長的是什麼？惹不起躲得起！整天躲你跟躲瘟神似的還談什麼感情？男女相處講究平等，不要太軟弱也不要太強勢。

雖然說退一步海闊天空，但是步步退讓早晚會把自己逼到懸崖。他在你的一次次妥協中變的倡狂，你也只能怪你自己。愛不等於溺愛。講究策略、有進有退才能長長久久。

✦沒有「籌碼」是致命的

某一本小說裡有一個情節讓人記憶深刻，女主角在離開她愛的男人之前，說了一段話：「是不是愛得比較多的一方注定會受傷？」

愛得比較多的那一方相當於讓出手中的籌碼還掀出自己的底牌讓對方看，這樣怎麼不會輸呢？愛情有時就是這麼一場賭博，手裡的籌碼越多，玩起來顧慮就越少，才能更加掌握局面。

想讓自己當籌碼更多的一方，不是光靠想就能做到的。我們的身邊總會有這樣的朋友，她們永遠是朋友羨慕的對象，長得不一定多出色，但是打扮一定得體，老公不一定腰纏萬貫，但也能讓她過吃喝不愁的生活，而且對她好得不得了，簡直就是二十四孝老公的典範。很多人對這樣的女人是又羨慕又嫉妒的。這些女人，就屬於在愛情、婚姻中握有較多籌碼的一方。但這樣人人稱羨的生活肯定和自身的努力分不開，差別只在於有些人先天條件好，有些人先天條件差而已。

想要握有更多的籌碼，最根本的一點就是不能讓愛蒙蔽了雙眼，在得到對方肯定的愛之前，不要付出太多的真心。如果你對他的愛比他對你的多出太多，這就是先天不足的因素，對一個心不在你身上的人再好，你付出十分，人家能感覺到三、四分就已經不錯了。愛情的世界裡，規則就是如此，不愛的人有的時候付出再多，也頂多讓人心生感激，有的時候還會視為負擔。所以，找對的人賭，然後再考慮籌碼的事情。

只要這個人是對你有愛的，那麼他對你的愛會不會增加，會不會對你忠貞不二，那就要看你的表現了。為了自己未來幾十年的人生，我們要先放下面子，不要覺得自己為了他做改變是降低身價的事。

筆者就曾見過一個擁有自己事業的女強人，回到家裡照樣洗手做羹湯、伺候自己的老公也十分熟練，而她本人也不覺得沒面子，反而樂在其中。所以，「女強人的婚姻通常不順遂」的魔咒在她這裡根本產生不了作用。

增加自己的籌碼就得先從自己做起，男人都喜歡上得了廳堂、下得了廚房的好妻子，這點不假，但具體來說，每個男人的想法又會有細節上的不同。但是無論對上什麼樣的男人「食色性也」這句話都是適用的。

聽說日本某些女人從不讓自己的老公見到自己的素顏，這樣的做法可能有些極端。但是，我們可以這樣說，即使自覺是「老夫老妻」了，也一定要在男友面前保持自己的形象。很多女人就是因為覺得過於熟悉了，就開始讓男人見到自己蓬頭垢面的樣子了，這就是女人從珍珠變成魚眼珠的開始。想像一下，如果他的眼裡你的形象從楚楚可人，變成披頭散髮、衣著隨意，你也會覺得很可怕吧？

想要掌握更多的籌碼，還要注意的是不管他有多喜歡柔弱的女人，你也不能真的變成完全依靠他的女人。因為他可能只是喜歡做主、喜歡被依賴的感覺，但是「男人心海底針」，再堅強的男人，也有想休息的時候，特別是當你們的生活遇到困難時，到時候你只會柔弱的哭根本就無濟於事。所以，盡量做個外柔內剛的女人，他想要當一面牆的時候，你就當柔弱的那個；他撐不住的時候，你也要有自己的想法。無論何時，都要懂一個道理，即使這個男人可能是以後你要共度一生的人，人生中真正能永遠依靠的也只有自己，不要被眼前的好話、假象迷惑了。

想要把握住更多的籌碼，就不能總把目光放在自己跟伴侶，雙方的家人、朋友、同事，只要會對他產生影響的人，就都是需要留意的。同時，也不能停止自己追尋人生樂趣的腳步，不能將自己所有的精力都放在愛情上，有自己的追求的女人才擁有更大的魅力，而且能讓男人知道「沒有你，我依舊會擁有精彩的人生」。危機感，會讓男人更加在乎你、珍惜你。

面對自己時要真誠

兵法有云：「知己知彼，百戰不殆。」

「知己」比「知彼」更難。真正了解並面對自己的欲望和情感比了解對方的更加重要。自己才是自己最強大的敵人，我們的一生都在和自己作戰。跟敵人作戰不可怕，可怕的是和自己作戰，自己讓自己受傷可就得不償失了。

明明已經被他的追求攻勢打動內心卻不自知、腦海被他的身影占據卻還沒有察覺、被他的一舉一動迷得七葷八素卻還不知道怎麼回事。當你還在傻傻地懷疑自己是不是對他動了心的時候，也許他已經厭煩了這種貓捉老鼠的遊戲。兩情相悅的愛情可遇不可求，能遇到已不容易，因為不能面對自己的感情而錯過一段美好的愛情是非常可惜的，有些愛情一旦錯過了，一輩子都不會再回來了。

為選擇哪個男人而徘徊失措，你究竟愛上了誰？一個是相戀多年的男友，一個是突然闖進你的生活、打亂你的世界的新奇男人。選擇前者，對後者還有好感；選擇後者，對前者尚有不捨。這個選擇很難，自己也分不清究竟更愛哪一個，也許不是分不清，而是自己不願去承認。但如果你同時愛上兩個男人，那麼請選擇後者吧，因為你如果真的很愛前者就不會愛上後者。就算你因為心軟選擇了前者，你心裡也會不甘，日後只要和男友吵架或者發生不快就會覺得後悔，早晚也得分開。愛了就愛了，變心了就是變心了，愛情本該誠實，沒什麼好藏著的。別逼自己不愛了還留在他身邊，讓一個人的錯誤選擇造成三個人的痛苦。

所以，為何不誠實地面對自己的欲望和感情呢？

每個人都了解自己，又並不了解自己。了解自己，是因為再愛你的人也不可能對你所有的悲喜都感同身受，只有你自己才明白自己的悲喜，人都是自私的，幾乎都是最愛自己的，這並沒有錯。

但是，人又都並不了解自己，佛洛伊德（Sigmund Freud）的理論中，每個人都有一個隱藏的本我，所以每個人都有不為人知、不願人知的一面。想做大度的人，這個人便不願面對自己心中的虛榮和嫉妒。這是很簡單的道理，人都希望自己是光明的、善良的，像美玉一般無瑕，但事實上，完人有幾個？或者說完人真的存在嗎？

應該說，人應該正視自己的內心，我們可以有嫉妒、可以有懦弱的時候，只要把這樣的情感控制在一定範圍內，不傷人或傷己就好了。

近年來，各式各樣不掩飾自己的內心，要做「真我」的呼聲慢慢被大眾所接受；事實上，現在的社會對年輕人不同的想法和行為的接受度已經慢慢提升了。

所以，也許你內心的那一點想法，真的算不了什麼的。比如說，古代的男人有擁有三妻四妾的權力，可以享齊人之福，女人卻必須對男人忠貞，如果哪個女人要求自己的夫君也對自己一心一意，就會被視為妒婦，丈夫可以以此為由休妻。但是現在，夫妻彼此忠誠，已經成了理所當然。

又比如說現在的拜金現象，很多人是不贊成的，覺得這是道德的敗壞。但是，也有很多人認為，只要你「合理」地拜金，也沒傷害到其他人，那大家就沒理由批評你，因為誰都需要生活，不是嗎？

所以，如果你心中存在一些「負面想法」，平時只敢深埋心底，覺得表現出來會被譏笑，因此精神緊繃、關閉心門、不想被人了解，最後想連自己一起欺騙了，只讓人看見你想展示的一面，這樣你和你的伴侶相處，總會存在不對勁的地方，讓你的愛情不順利。

如果喜歡吃路邊攤的燒烤，那為何要為了假裝高雅，去高級餐廳吃自己不習慣的牛排呢？

你能處理多糟的情況？

古人講「不與之爭，則莫能與之爭。」對於一個女人而言，最難得的能力是什麼？就是面對失去的能力。即便她失去了伴侶，依然可以活得美麗。對於這樣的女人而言，她的幸福是任何人都無法奪走的。

當然，對於我們普通人而言，做到這一點顯然並不容易。不過，凡事多做準備，並做最大的努力，這一點卻不算難。

所謂「有備無患」，準備得越充足，那麼，面對失去的能力就越強。所以當我們選擇了一份愛，就要想一想，自己是否有能力處理可能出現的最糟情況。如果你發現自己還沒做好準備，那麼，對待這份愛請你三思而後行。因為愛情是主觀的，不是真理，更不是一個產品，它的存在讓我們感受人生的喜怒哀樂，就像生活一樣圍繞在我們身邊、充斥著我們的人生。人生本來就是一個忐忑的過程，愛情也是這樣，是需要兩個人共同經營的，就像有位名人說過的：一個人的愛情不叫愛情。不對愛情抱有任何奢求，只要認真努力，即使一個人退出了，你也能夠坦然地面對，因為你努力了就無怨無悔。失去你，也只是他的損失。

「我在為自己的理想努力，可是一想到自己心愛的人被別人搶走了，我就痛苦得難以繼續努力下去。我真的好愛她。我不想這樣。因為我知道只有去努力才能有機會翻盤。」這是一個人向筆者訴說的痛苦，我告訴他：

第一，如果我是個不在意錢、不在意房子的女人，那麼我要的就是愛我的人，所以你即使努力奮鬥，我也有可能等不到你成為比爾蓋茲的那天就結婚生子了——這種人很少、很難追回，而且要追就只有現在；

第二，如果我是要一個有能力又有魅力的老公的女人，那你大概沒有機會了，因為等你倒不如找一個現成的；

第三，如果我沒打算結婚，只是遊戲人間，那你做出改變可能就會吸引我的目光，讓我又喜歡上你。可是，沒有果實的愛情不會長久，即使擁有幸福也只是暫時的，幸福過後的痛苦會更糾結。

你現在需要的是為自己努力，為以後能真正相伴一生的人努力……

所以當你面對失去愛情的時候，不要沉浸在悲痛之中，因為愛情這個東西是講究緣分的。但你還是要有資本，這個社會畢竟是現實的，尤其是在大多數人在西元 1980 年代後出生的這個時代。

也可能你所愛的人已然走遠，這段感情已經到了不可挽回的地步，那麼還不如就這樣放他去。或許你會悲傷、難過，但這些都會隨著時間的長河流向遠方。一切過後世界還是那麼美好，你依舊可以活得美麗。和朋友去旅遊就是個不錯的選擇，換一個環境、換個世界，你會發現世界上原來還有這麼多美麗的地方，如果你錢包扁扁的話，你可以去逛服飾店，試試新的衣服，大不了不買，那沒什麼。如果你覺得沒面子，你可以去公園走走，看看今年的花開得怎麼樣了，這些都會讓你發現世界其實是那麼美好。

不以物喜，不以己悲。不管得到與失去都要用平常心面對，凡事做好最壞的打算，至少不會讓自己在面對失去的時候迷失方向。年輕人容易衝動，總會被愛衝昏頭，總會有一次天真地認為可以天長地久，總會把他當作自己命中注定的另一半時時牽掛。這樣的崇高而神聖的戀愛有一次就夠了，我們終究要走向現實，過著與柴米油鹽相伍的生活。兩個人的感情分為四個階段：共存、反依賴、獨立、共存，真正的婚姻生活正是過著最後一個階段。就像兩隻刺蝟最終找到可以互相取暖而又不傷到對方的距離。

理智地面對感情、分析感情、處理感情是一種智慧而不是自私。做好最壞的打算，至少不會全盤皆輸，連自我都失去。

不要愛太多，只愛一點點

很多人都會經歷這樣的愛情：「遇見你之後，我的姿態變得很低很低，一路低到塵埃裡，但我的心很歡喜。並且在那裡開出一朵花。」但是這樣的愛情、這樣的付出，卻常常不能得到好的結果。

調查指出，82％的女性不會選擇對自己百依百順的男人作為戀人，59％的男人不會選擇愛自己愛到失去自我的女人。他們都表示「雖然他真的對我很好，但是我就是不能動心，有時候會覺得承受不起這樣的深情，甚至會覺得可怕。」

愛情是排他性的，愛情中的雙方都希望自己能成為對方的唯一，可是人都是一個鼻子兩顆眼睛，為什麼在千萬人中獨愛你一人？肯定是因為愛你有著不同於別人的特質，如果你因為愛把自己的獨特之處都丟掉了，還讓別人愛你的什麼呢？

為了讓愛情天長地久，保持自己的特質很重要，即使是伴侶之間，也要給彼此留一點空間，保持一點點獨立性、一點點神祕感才能讓對方對你的愛保持得更久一些。相反，把他當做天一樣的供著、百依百順，這樣只能得他一時的歡心，時間久了，他就會覺得索然無味，更會對你的順從視為理所當然。

自古就是痴情女子負心漢，王寶釧苦守寒窯十幾年，換來了丈夫帶回年輕美貌的公主，男人們覺得自己已經仁至義盡——起碼沒拋棄糟糠之妻，但是十多年的孤寂又有誰能體會？即使現代社會的女性地位越來越提升，有多少女人放棄自己的事業，專心做自己男人背後的女人，得到的卻是男人的離婚協議，一句個性不合、感情破裂了事，你還沒成功的時候怎麼不說感情不和？

有時候我們不得不說，男人就像孩子，他的壞，有的時候純粹是女人慣出來的。大家常常提到馭夫之道，不光是選男人的時候要小心，相處起來也要注意，好男人需要「養成」。

有一個過得很好的女子，人人都羨慕她有一個好老公，大家向她請教「馭夫術」的時候，她說了一段話：「你們都說他好，其實男人本質上還不都那樣，一個字——賤。雖然這話不好聽，但實際上就是這樣，你把他供著當大爺，讓他覺得自己很重要，肯定就囂張起來了。女人要時時記得，與其當賢妻讓他騎到你脖子上，不如當個妖精，該撒嬌的時候撒嬌，該給他面子的時候給他面子，該任性的時候任性。千萬要記住，別把他當成你生活的全部，你得讓他知道沒他，你照樣可以活、地球也照樣轉，無論何時，你最愛的都要是自己。」

確實，愛情不應該是人生的全部，我們還有親人、有朋友、有自己的事業，還有這美好的、日新月異的世界。有的時候，我們得抱著一種獨自旅行的心情，去看看這世界的風景。千萬不要太過「重色輕友」，有了愛情就放棄了朋友聚會和興趣、愛好，女人需要不斷汲取來自各方面的知識，保持多元而豐富的生活，只有這樣才能讓你永遠美麗，而不是很快就變成只知道圍著男人、孩子轉的黃臉婆。

依賴他但是不過度依賴，這樣的程度也能讓你的男人「鬆一口氣」，現代社會的壓力對男人來說還是很重的，如果老婆是一株純粹的無根草，會讓男人覺得累，恰到好處的柔弱讓男人憐惜，但是如果一個女人一天到晚需要呵護和安慰，是個人都會受不了。一個合格的女人要能充當母親、妻子、情人、姐姐這幾個角色。

愛他八分就好，這也是一種女人自我保護的方式，因為在愛情中，女人總是處在弱者的地位，投入得太多，受到的傷害也會更大，給自己留一點餘地，能讓自己的眼睛更清楚地看見現實、看見你們的未來，有自己個性的女人是美麗的，是不依賴男人也可以獨立存在的，這樣的美麗才讓女人變得更加吸引人。

李敖曾作過一首詩：

不愛那麼多，只愛一點點；
別人的愛情像海深，我的愛情淺。
不愛那麼多，只愛一點點；
別人的愛情像天長，我的愛情短。
不愛那麼多，只愛一點點；
別人眉來又眼去，我只偷看你一眼。
……

短短的幾句詩卻道出一個無比深刻的道理，愛得太多，女人只會失去自我，女人不論怎樣，一定要保持一定的經濟獨立和人格獨立，這可以說是女人挺直腰桿做人的基本條件，如果你毫無退路，男人就會肆無忌憚地對待你。不論有多少收入，以能養活自己為底線，女人可以裝傻，但是不可以真的傻傻地奉獻一切，這是一個需要愛護自己的時代。

真正的安全感在內不在外

女人無論什麼時候都要從容、優雅，因為只有內心強大的女人才是永遠不會被打倒的。

內心的強大與行動的關係就如同線和風箏的關係，這個風箏能飛多遠，關鍵在於你手中的線有多長。而這條線就是你的內心渴望。你的內心越是堅定、越是從容，你就越會捨棄那些或激烈、或廣闊、或張揚的外在形式，而尊重安靜的、內心的聲音。這會使你擔任社會角色的時候，不會失去自我、能夠有擔當、能夠做到最好。

理想跟空想有時候很容易被混淆，一個人如果光想像著未來自己要達到什麼樣的境界、要怎麼成功，但在現實中卻舉棋不定，不能腳踏實地地去努力，再美好的理想也只是一廂情願的空想罷了，就像海市蜃樓一樣。只要有具體的行動，就算是空想也能變成理想，就有實現的可能。有句廣告臺詞說得好「行動就有可能」，但是這也意味著行動也不一定就能成功。這並不是消極的看法，只是客觀地說。

我們並不缺少心懷大志的人，他們都認為自己很強大，說起理想大多都侃侃而談，懷抱著一個比一個遠大的理想，但往往不具備使理想實現的路線。所以，最重要的是立刻行動，不管前路有多坎坷都要堅持走下去，走出一片天！自古以來有多少志士為了實現自己的理想，披荊斬棘、百折不撓，最終才達成所願。

周敬王二十四年（西元前 496 年），吳越兩國交戰，吳王闔閭戰死。其子夫差即位，發誓要報仇。

兩年後，吳王夫差攻破越都，時越王勾踐被迫屈膝投降，並隨夫差至吳國，臣事吳王。勾踐在吳三年，到周敬王二十九年（西元前 491 年），吳王夫差赦勾踐歸國。

勾踐處心積慮，立志報仇雪恨，為了磨礪志氣，不忘屈辱，他把苦膽掛在室內，吃飯時一定要先嘗一嘗苦膽。睡覺時身下墊著木柴，使自己警惕，不得居安忘危、喪失報仇雪恨的決心。他親自與百姓一起耕作，讓夫人織布、裁衣，食不加肉，衣不完采，與民同甘共苦。

經過長期的艱苦奮鬥，「十年生聚，十年教訓」，越國終於從失敗中重新崛起。

周敬王三十八年（西元前 482 年）夏，越王勾踐趁夫差遠出，以大軍攻吳，大敗吳師，破吳都。周元王四年（西元前 473 年），勾踐再次大舉攻吳，擊敗吳軍，夫差自殺。

此後，周元王封勾踐為伯，即為諸侯之長，勾踐遂稱霸於諸侯。

這個「臥薪嚐膽」的故事大家可能都不陌生，勾踐雖然曾經敗北，可是他的內心卻始終想著國家的子民；雖然曾受盡凌辱，但最後還是透過自己的行動一步一步走向了成功，真正地體現了王者的風範，也不愧被封為眾諸侯之首。當然你也可能想，我要是也在勾踐的位置，我也會取得成功，可是你有沒有想過你怎樣才能夠成功呢？不要因為別人取得了成功，你就認為自己也做得到，搞不好你會成為夫差的刀下亡魂。

我們每個人都有自己的內心世界，這個世界到底有多強大，那就要看你怎麼表現了。表現方式不是讓你向周圍的人誇誇其談，那只是好看，是一種懦夫的行為。內心真正強大的人，都是透過行動來表達自己的內心的，無論是對事業還是對生活、對愛情。

愛一個人是我們每個人的權利，我們也都有自己所愛的人和愛自己的人，這是大家都有的情況。愛情是一種信念，隨時間而沉澱，以行動來昇華。假如你深愛著的人問你：你到底有多愛我？向他訴說內心愛他的深度，愛他到海枯石爛？如果你們才剛開始交往，也許這是你向他示愛的最簡潔、明瞭的話，因為我們都會說。可是時間一旦久了呢？把愛掛在嘴邊就能表現出你對他的愛嗎？當然不會，因為愛一個人是要讓他幸福、要付出實際行動的。為他遮風擋雨、對他體貼入微，這些才是真正愛一個人的真正表現，也才是他有多愛你的深度。

在當今社會，面對種種壓力、面對殘酷的競爭，你是否還有強大的內心？請不要再抱怨社會的不公，我們要抓緊時間付出行動，為自己的內心世界開創一片新的天地，鼓起勇氣、腳踏實地，活出真正的自己。

內心強大的人是從來不缺乏安全感的，因為安全感是自己給的，永遠丟不掉。而那些將安全感寄託於物質或者某個人的人，往往最容易患得患失，缺乏安全感。世界具有多變性，包括人在內，每時每刻都處於變化之中，將安全感寄託於這些本身便千變萬化的事物，怎麼可能獲得穩定的安全感呢？

所以，與其苦苦尋覓一個能帶給你安全感的人，不如把自己的內心鍛煉得足夠強大，那麼，所有的危險因素就接近不了你了。

✦別把談戀愛的「門檻」設得太高

面對「擇偶」這樣既嚴肅又不能缺乏情調的話題，年輕男女自然有他們自己的標準。但是在當今的現實生活中，未婚男女的擇偶條件採取「動態競爭策略」。也就是說根據經驗和自己有的資源來調整擇偶標準。當然，直覺到來時，這種「動態競爭策略」就派不上用場了。

女性在擇偶時絕大多數會選擇有責任感的男性，「有責任感」首當其衝地擔任了最受追捧的特質。因為婚姻是一種契約，男人的責任感代表了他願意接受並遵守這種契約，即使在欲望橫流的社會中，女性心中仍然保持著「與子偕老」的美好願望。這條擇偶標準和美好的願望不變，不被列入「動態競爭策略」之列。

那麼哪些是被列入「動態競爭策略」的擇偶條件呢？如今的剩女多於剩男，人們一直認為她們的要求高，不肯降低標準。其實不然，剩女不斷地調整標準，尤其是30歲之後，隨著閱歷和生活經驗的增加、心境的改變以及對周圍婚姻的觀察，她們對異性會越來越包容，接受姐弟戀的傾向比較明顯。大部分人除了對心理契合度的要求不會放寬外，對其他要求基本都可彈性處理。這就是「動態競爭策略」產生的作用。

女人的經濟條件越好，可選擇的餘地就越小。剩女中每個人都有各自的情感經歷，她們相信愛情、渴望愛情，並積極尋找愛情。她們被詬病的「不肯降低標準」並不符合事實，她們非常關注自己的內心感受，會去思考自己沒有和同齡人一樣走進婚姻的原因；隨著年齡的增長，她們對自我和社會的認知不斷變化，並隨之不斷調整擇偶標準。雖然沒有愛人，但她們時常能感受到幸福和快樂，剩女在不同階段的心理調適過程，也是現實生活的寫照。這一切都取決於她們良好的心理素質和自我成長。女人在不同階段對擇偶標準的調整，也反映了現代社會不斷調整的潮流。

而男人經濟條件越好，對女方經濟條件的要求越低。將愛情與金錢連繫在一起是非常普遍的現象，但是對老一輩的人來說，這仍是一個忌諱的話題。因此，一系列讓年輕女孩公開談論經濟標準的電視節目大大觸動了大眾的敏感神經。

「男怕入錯行，女怕嫁錯郎」，古人的建議被現代人演繹成了「男人要找個賺錢的職業，女人要找個有賺錢職業的男人」。女性在擇偶時，會更注重男性在經濟方面的能力，而對於房子的需求則顯得更加迫切。在有房、有車、年薪破百萬的選項中，有房是女性擇偶的關鍵條件。而現在流行的約會、配對節目有的人說這些節目「炒作拜金主義和對婚姻及愛情不健康、不正確的觀點」，但其實它們的問題是「太過坦率和直接地反映了現實」。對現代的男女來說，結婚最大的困擾就是經濟能力。

基於重視經濟能力，在「動態競爭策略」下，就出現了只登記而不辦婚禮、不度蜜月的結婚模式。總之，不管是男是女，大家的擇偶標準也需要與時俱進，要時刻根據自己的閱歷、經驗、資源來調整。一昧只要求對方達到自己的條件，而不肯應用「動態競爭策略」的也大有人在。有一個有車有房、會馬術、愛打高爾夫的「黃金單身漢」，其擇偶標準就很不實際。他希望女孩有高學歷、27 歲以下、身高 165cm 以上、漂亮有氣質、家世清白、會彈鋼琴、拉小提琴、會畫國畫者優先，還要願意生小孩並以母乳餵養，並且，還要求對方沒有性經歷。相親的標準怎麼提都不算過分，可是你是否想過世上還有「等價交換」？。在要求對方的同時，也要看看自己是否有資格。在這個現實的社會裡，你不要只要求別人如何，而要想著別人需要你什麼、你能給別人什麼。欲先取之必先予之，要根據自身條件選擇，不要好高騖遠。

男人相親，對女方的外貌有兩種標準。美女人人喜歡，其實男人還有一個接受底線，大部分是以男人自己的外貌為標準。如果女人外貌比自己差太多，那麼男方就很難接受，一般也不會再有什麼聯繫，即使女方的其他條件不錯，除非是另有所圖的政治聯姻。很多女人困惑為什麼相親後對方不冷不熱，其實很簡單，你在兩種標準之間，對方沒有太多追你的興趣，但是又覺得你可以接受，其實能被逼迫到相親的人也都已經是需要結婚的年齡了。

身體健康雖然看似是一個非常簡單的指標，但是在當今這個汙染重、壓力大的社會中要長久保持，似乎也不是什麼易事。在擇偶的條件中，女性們將健康的指標調整到了很重要的地位，已不亞於經濟指標。事業誠可貴，愛情價也高；談婚和論嫁，健康不可拋。

大多數男人都喜歡比他弱一點的女人，這包括各種方面。總之太強的女人會讓男人望而卻步。美女一般都會受到比較熱烈的追求，但不是所有的男人都只喜歡漂亮的女人，善解人意的女人是最有殺傷力的。

也有人曾經降低要求，和收入、學歷懸殊的男人相親，但發現心理、觀念方面真的無法湊合。收入較好的女孩和一個收入普通、外貌較好的女孩相比，處於絕對劣勢。這兩方面並不能互相抵消。男人眼中的現代好女人似乎已經是稀有動物。你挑人家，人家還懶得挑你咧！

總之，不管是男是女，要時刻調整自己的擇偶標準，才能不被淘汰。

有錢人的生活並非人人都承受得起

對於現在比較氾濫的「拜金有理，愛錢無罪」思想，人人都喜歡過好的生活，但是真正的「有錢人」的「奢侈」生活，也並不是有些人想像的那樣美好。

環顧周圍，我們生活中不乏這樣的例子，透過婚姻來改變自己的生活方式，真的發生時，會有以下幾種情況。

年輕貌美的女生嫁給老人，其實還是比較樂觀的情況，起碼結婚了。很多時候，有錢的老人也是很挑剔的，既然你能被錢打動，他也就很容易用錢戲弄你，跟你玩玩然後換人。現在鋪天蓋地的都是某某「嫁入豪門」的新聞，看清楚了，都是一幕幕「美女與野獸」，年齡與相貌相當的配對只有很小一部分。

再來就是，偏好外國人。很多女孩都夢想著嫁給外國人，然後移民去一個富裕的國度。但是，被外國人騙的也不在少數。你得想想看，他的國家要是那麼好，他跑來你的國家幹嘛呢？說不定他比你還窮呢。就算是為了工作，你怎麼知道人家本來沒有老婆呢？你又不能去「實地考察」。

還有一種就是有錢的醜男找美女，出於為了下一代考慮，有錢又外貌不佳的男人有時會尋找美女來進行基因改造，風險是你永遠不知道會不會突然出現一個更吸引他的美人。

也見過很多女子嫁外國友人的例子，年齡差距較小，真正是雙方年齡、外貌相配的，通常都是出國留學的女孩子嫁給同學，但是留得起學的，家裡的經濟條件也比較好，外國人也不傻！

事實上，年輕有為又有錢的帥哥，一般都參加「家族聯姻」這種活動。據說富有人家的兒子，很小就明白了什麼樣的女孩子可以當玩伴，而自己的婚姻則會需要一個「門當戶對」的女人。

筆者的一個同學，他的親戚中就有一家算得上是富豪的，她開玩笑逗那家人長得很俊秀的12歲的侄子，問他說：「你長得這麼帥，是不是很多女孩子追？」結果侄子非常冷靜地回答：「她們配不上我。」

說了這些，是想說如果你看上的僅僅是他的錢，他看上的僅僅是你的年輕美貌，這是不足以作為締結婚姻的保障的。筆者基本上不贊成女人都生活在象牙塔裡，不懂得庶務，同樣的，即使是從現實的角度出發，也不要僅僅為了經濟因素就選擇一段婚姻。

人的需求分為物質需求和心理需求，物質需求是最基本的，但是人又都是貪婪的，物質需求被滿足了之後，又會產生心理方面的需求，說得簡單一點，沒有物質的時候人會優先考慮物質，而物質需求被充分滿足的人，又會產生更多別的需求。「有錢人也有有錢人的煩惱」，這是比較簡單的說法。

所以，不要只為了錢嫁人，最少得找個重視你的人。

筆者曾見過一樁遺產糾紛案，就是因為老夫少妻引起的。一位妙齡女子費盡心機嫁給一位年過六旬的老翁，婚後該女子過著富太太的生活，三年後丈夫去世，正竊喜著大筆遺產到手，想要「重新開始」的女子被告知，老人有一份隱密的遺囑，吩咐如果妻子同意不再婚、不再生育則享有繼承權，否則就只能得到一筆數目很小的「贍養費」——女子傻眼了。

事實證明，能保持自己資產數字的男人，沒有一個是傻瓜，要是他厚道一點就算了，要是他玩點手段，普通的女子能是這些老油條的對手嗎？

不可否認，婚姻是很多女人改變自己生活狀態的重要手段，但是，請女人們稍微保有理智，不要把物質條件作為擇偶的唯一條件，頂多把它放在重要位置。要把物質條件與其他因素放在一起綜合考量。

何況除了嫁個有錢人之外，挑選一個潛力股也是不錯的選擇。你可以考慮把自己的資源和結婚對象整合起來，從而改善自己未來的生活，這也是不錯的選擇。

大學時有個同學，是旅遊相關科系的，她拒絕了富二代追求者，反而選了個家境普通的人，有人覺得她傻，可是畢業後她和男友把男友家的房子改造成了特色民宿，然後專門帶團來住。

現在人家已經開了間小小的旅行社，民宿也開了分店，賺了不少錢，而且都是自己賺來的，花起來也爽快。「比跟著富二代天天等著爸媽發薪水爽多了！」這是來自同學的原話。

第4章
不管是對是錯，都要有買單的精神

這世上沒有穩賺不賠的買賣，這是大家都明白的道理。沒有必定成功的愛情，這大家應該也理解。愛情自有它的特定規則，懂得這些的話恰好能使我們更好地看待輸贏的問題，讓大家能做到贏得漂亮、輸得瀟灑，即使是失敗了，也能將損失降到最低，更不會讓失敗的愛情為自己的未來帶來不好的影響。

幸福決定在戀情起跑前

幾乎每段愛情都會經歷曖昧這個階段，曖昧是美麗的，它的魅力在於能讓人霧裡看花。朦朦朧朧，卻又忍不住偷偷地心動，心如小鹿亂撞。但很少有人會懂得愛情的戰役在懵懂的曖昧階段就被打響了。

未雨綢繆的人能永遠贏得先機，也可以說是機會永遠垂青有準備的人。在愛情裡，想贏就要贏在戀情起跑以前。為什麼要這樣做呢？兩個人從相知到相戀的過程，其實是充滿荊棘的，就像是在海上行駛的小船，有可能遇到暴風雨、有可能觸礁、也可能撞上冰山，隨時都有沉沒的危險。

所以，在起航之前，事前的準備工作一定要做好，把釘子釘好、纜繩換成新的、補好帆，才能最好地保障航程的安全。愛情也是如此，從產生好感到交往到締結婚姻，中途會有誤會、會有現實的壓力，也可能是家庭的反對，甚至出現破壞雙方感情的第三者，如果能在相知的階段就為自己的愛做足準備，把愛的基礎紮穩了，愛情的路可能就會平坦一點。

在曖昧階段就替以後的相愛打好基礎，這是一種聰明的做法。在成為他的戀人之前，就在他心中留下美好的印象，要比確認關係以後再扭轉戀人對自己的看法要容易得多。

小民就在這方面吃了大虧。別看小民的名字很普通，事實上他從小就是一個時髦的人，打扮要潮、說話要潮，連吃飯都講究跟上潮流。打扮得花俏，桃花運也就隨之而來，平淡地談了幾場戀愛，有了個「花花公子」的名聲，因此，也給周圍的人留下了一個不太可靠的印象。

其實，在小民的內心裡，他十分贊同老一輩口中溫馨而安穩、一生一世的婚姻，無奈看上他的女孩大多都是想要個玩伴，相處一陣子，覺得「不好玩」了，各種缺點就冒出來，讓他忍無可忍，只好分手，這下徹底變成「薄情男子」了。

到小民大三那年，發覺自己愛上課堂上坐隔壁的女生了。坐一起一年多了，他突然發現隔壁女孩沒像其他女孩一樣用面紙，而是用手帕。他覺得她一定不是一個「速食」

女孩，多加留意以後，發現女孩還單身，是個能一起過日子的人。

於是小民開始了人生第一次正經的追求計畫，結果他精心打扮、精心計劃，鮮花還有浪漫加獻殷勤的攻勢，只讓他和女孩慢慢熟悉了起來。但是，她卻不願意接受他的追求，又後來經不住他的死纏爛打，終於當了他的女友，但又在求婚這個步驟上卡住了。

他不解地和女友大吵了一架，女友終於告訴他，女友了解到他身邊的女人來來去去，後來兩人相處的時候他又極盡浪漫，這樣使得喜歡踏實過生活的女友覺得不真實、沒有安全感，覺得他會變心。

小民哭笑不得，搞了半天是因為自己給了女友錯誤的資訊，才讓自己的情路如此不順。

於是他換了普通髮型，衣服也盡量樸素，反而讓女友覺得他為了自己浪子回頭，給了他一個機會。

所以，敬告那些還在曖昧的人，在這個階段，千萬不要被愛情衝昏頭，光是想著如何吸引對方、如何享受臉紅心跳的愛情的快樂，為了你未來五十年的快樂生活，記得做人要有心機一點。這就像做生意的時候，對潛在客戶按照顧客的標準對待，不能因為想要「把握」這個顧客，就盲目地討好、一昧地妥協，因為這樣獲得的顧客，永遠不會滿足於既得利益，他會覺得是你需要他，並且還是一顆軟柿子，這樣的生意是不好的；同樣也不能因為對方還不是自己的客戶，或是對方還沒有帶來利益，就無視對方，這樣又會丟掉客戶。

拿捏好分寸，在交往之前的相處過程中慢慢地展示自己，不能因為要追求這個人就把自己偽裝起來，這樣等到兩人真的在一起了，麻煩的是你，一個謊言需要用一百個謊言去圓。

並且，在相戀的過程中，這些原有的錯誤印象會時不時給你們的相處帶來一些小障礙，就像前面小民的例子。

所以，親愛的，請把愛的基礎打好吧！

愛情無對錯，就怕不買單

正視自己過去的人才有勇氣創造自己的未來，所以即使是悲傷的過去，也請以平和的心態去看待。因為否定自己過去的人，在心理上是存在缺陷的。失敗的感情經歷也是如此，愛過了、失敗了，就不要去糾結於值得不值得，因為每個人都需要對自己的行為負責。

沒有不值得的感情，只有無法為自己的選擇負責任的人。每一段感情，既然它開始了，就一定有它發生的理由，否則一定不會開始。存在即為真理，既然這段感情存在過，那它就有過存在的價值。無法為過去的感情買單，這種逃避和懦弱的態度也將會影響你現在與未來的情感之路。人的回憶既有可能成為未來之路的絆腳石，也有可能成為人生的寶貴財富，回憶就像一把雙面刃，取決於人怎麼對待它。

很多家長不想要自己的小孩找單親家庭的小孩當男女朋友，不是因為歧視，而是因為單親家庭裡長大的孩子，很多都會因為兒時的陰影對婚姻產生不信任感。這些人更容易陷入既想要有一個溫暖的家，又對未來的不確定性產生焦慮的情緒，這樣會令他們的另一半過得很辛苦。

這和自身受過愛情傷害的人的情況很相似，因為有些人能夠正視自己失敗的感情，而有些人卻只能沉浸在過去的傷痛之中無法自拔。即使勉強開始了下一段感情也會在某些情景刺激下表現出異常的情緒。上任男友花心的人，可能會緊盯著現在的男友以防止他有外遇；受過家庭暴力的女人對人的肢體語言會格外敏感，只要對方動作大一點，她就會下意識地有閃躲動作。誰都有過去，誰都經歷過失敗，但是請不要讓過去的失敗懲罰自己，更不要讓它傷害到現在身邊的人。

否定自己的過去就等於否定從前的自己，這世上沒有完美的人，多多少少都會犯一些錯誤，如果做錯了就把錯的經歷藏起來，人永遠無法成長起來。為自己的過去買單，負擔起自己該盡的責任，做起來其實也並不困難。

試著把過去的戀人當成一般人看待，俗話說有愛才會有恨，你不願意面對，也許是因為無法忘情。如果能心平氣和地面對曾經的戀人，對他的未來持祝福的態度，這不僅代表你已經淡忘了這段感情，準備好迎接新的開始，同時也證明你已經從過去的經歷中汲取了營養並且獲得了成長。

試著告訴自己，過去只是過去，很多人會對失敗的過去耿耿於懷，常常會在夜裡把它翻出來，然後讓自己感到心痛、夜不能寐。下次如果還有這樣的時刻，如果不能控制，不妨就當是一場電影重播，想想自己下次遇到類似的事情該怎樣做才能做得更好。錯就是錯了，承認它、改正它，然後想辦法讓自己做得更好，讓自己不再犯這樣的錯誤，這才是正確人生的該走的路。

奇怪的是，人反而比較少想起快樂的過去。這就好比悲劇和喜劇的差別，喜劇看完之後心裡高興一下就完了，悲劇卻會讓人恍然若失，常常會在思緒中翻騰，這也許就是所謂有缺憾的美吧？可是，即使是失敗的戀情，也會有屬於它的美好瞬間，我們不能否認這些美好，回憶這些情節，可以防止自己的內心被後悔、傷心等負面情緒所控制。

從失敗中尋找美好，也能培養人寬容的處事態度，讓人擁有一顆懂得感恩的心。

✦只要有意義，再大的冒險也值得

沒有一帆風順的人生，也沒有毫無風險的愛情。

愛情的路上，每個人都面臨選擇，然後相處後有緣分的才能修成正果，就算是結了婚，可以說在離開人世之前，你都不知道這個選擇是不是完全正確，因為七老八十照樣有人離婚。每一段感情，都是一段孤注一擲的冒險。因為每次選中一個人、開始一段感情，就得無悔，畢竟時間無法倒退。所以，就感情而言，選錯了，後悔也是無濟於事的。我們要做的和我們能做的是盡量把風險降到最低。

追求愛情和進行投資實際上有著很多相似之處，它們同樣需要挑選目標，同樣的瞬息萬變，因此同樣需要承擔風險，而且感情和投資一樣，意氣用事是不可行的，這是最主要能降低風險的方法。

問題是，愛情其實就是一種感情，怎麼讓人不「感情用事」呢？不知道大家有沒有注意到這幾年流行的宮鬥類文學或是影視作品，裡面的人物不管背景如何，最後能成功的都有很多共同之處。

從《金枝欲孽》到《甄嬛傳》裡面的美女不知凡幾，我認為塑造得比較成功的就數《金枝欲孽》裡面的如妃，為什麼這麼說？

首先她夠謹慎，她在自覺年紀比較大了之後，就尋找可以扶植的傀儡，但是選人的時候她很謹慎，可以說是層層選拔，然後小心試探。很多女人看起來很精明，好像都很會為自己打算，可是真的遇到了事情，卻都無法有多清醒。很多女人過得不好，都是因為日子過的渾渾噩噩，完全沒有計畫。隨波逐流地上學、畢業、戀愛、失戀，再戀愛，如此幾次之後遇到適合的，或是不得不結婚的時候勉強嫁人。

其實完全不必這樣，像那些國、高中早早談戀愛，上大學了還覺得結婚生子離自己很遙遠的女人，你不吃虧誰吃虧？雖然不必早早就做好選擇，但是女人心裡一定要打定主意，是要在畢業之後趁年輕找個另一半，還是想先在工作上闖出點成績後，二十七、二十八歲時再結婚也不遲。是想找一個和自己差不多大的還是比自己成熟一點的，結合自己的情況定下了目標之後，就要早早開始準備了。

想要當賢內助的女人，至少得精通家務，做得一手好菜是基本；如果是想要嫁得好一點，那就得開始注意自己的形象、名聲，讓自己往清純高雅的方向發展。有準備才容易有所得，謹慎的人都這樣。

其次，如妃還是一個看得清楚現實的人。劇情的最後，如妃有機會和自己喜歡的人出宮去過自由生活的。但她沒走，因為她知道自己已經無法在宮外生存，自己留在宮裡，對大家都好。保持清醒和下這樣的決定不是誰都能做到的。至少現在很多人都做不到，就算心中已經發現什麼是最好的選擇，也學不會對已經逝去的感情乾脆地放手。還有的人和已經分手或是已經變心的人藕斷絲連，這是看不見現實或是看見了現實也不承認的蠢女人才會做的事情。

還有如妃並不為利益而失去良知。雖然看起來冷酷，但那是因環境逼得她不得不如此。更何況即使在後宮生活多年，她還是會為其他人的愛情感動。冷酷的人，即使得到的再多，那也只是利益而不是快樂，人都是有感情的動物，失去了善良的人，也就失去了快樂的能力。

最後，如妃還有著百折不撓的勇氣。後宮的生活起起伏伏，沒有人能當永遠的贏家，但是，沒有一次失敗能真正打倒她，她總能找到重新站起來的方法。比起很多女人，她真的很強大。說起來，現在的女人比後宮裡的女人幸福得多，不用和上千個女人搶老公，也不用時刻擔心生命安全。在後宮裡的女人都能努力求生存了，為什麼你為了一點小事情就要死要活的呢？

面對風險、減少風險，最重要的就是自己的計畫要和自己的價值觀結合，承擔風險就要承擔得有價值，至少你要保證自己千求萬求的東西就是自己想要的。

不要像甄嬛最後的結局一樣，爭了一輩子，當上了太后，結果她愛的、恨的，愛她的、恨她的人都不在了的時候，她卻感覺人生毫無趣味了。

別把愛情當成一個幌子

力的作用是相互的，這個大家都知道，愛的作用也是相互的，只不過比力的作用複雜一些。在婚姻當中，我們如果用功利來代替愛，這場婚姻就會變得相當危險。因為一旦對方感覺自己的愛情只是被利用，那麼他也會用冷酷的態度來回報你。

現代社會普遍認同婚姻需要一定的經濟條件做為基礎，但絕不是說，全部都由利益連繫的婚姻能夠穩定，或是能帶給人幸福。某個配對節目上，一位男嘉賓一開始就說自己是和「土地打交道」的，女嘉賓那邊的燈立刻就少了一半，等他後來再說我不買房這樣的話之後，燈基本上通通已經暗下來了。後來才知道這位「和土地打交道，不買房」的先生不是農民而是房地產開發商，不知道是否有女嘉賓後悔了。客觀地想想，這位男嘉賓之所以用這樣的開場白，應該是平常在生活中遭遇了太多只看重錢的女人，可是上了節目才知道，經不起考驗的女人占了大部分。連一個想進一步了解這個男人的性格、人品的人都沒有，他大概也很無奈吧，誰願意總被看成一臺活動的提款機，而不是一個需要被了解和被關注的人呢？

窮人想要錢，有錢人想要真感情。所以很多窮人打著真愛的幌子，謀取有錢人的錢。這是現在的社會中很普通的現象。但是，在這個過程中，贏的人很少，輸得很慘的人占大多數。

錦月很羨慕所謂「上流社會」的生活，總是想往那個圈子裡鑽。終於找到了一個好機會，那個男人是個外國富商，不算老，很有錢也很有社會地位。他看上錦月之後，就常帶她去買衣服、帶她去高級的場合，像影視作品中那種高級的宴會她也參加了。慢慢地，她從當初的普通女孩變成了一個時尚女郎，在宴會上也可以和別人談笑風生了。男人還出錢讓她學習了英語和插花，後來她自覺配得上這個男人了，所以她開始專注地等待這男人向她求婚，這樣她就可以一輩子過上「幸福」的生活了。

誰知，男人開始漸漸冷落她，雖然還是會付生活費給她，但已經很少帶她出門了。她覺得很空虛，起初她以為是因為自己懷念那種觥籌交錯的浮華生活，後來才發現她更想那個男人，那個離自己曾經很近又開始越來越遠的男人。

從一個有相似經歷的女孩那裡，她得知了一個事實，她的男人是一個熱衷於「養成遊戲」的男人，他不結婚，而是喜歡把一個個普通的女孩培養得高雅時尚，然後就丟在一邊。這可真是個奢侈的遊戲，錦月知道自己不是第一個也不是最後一個，但是現在的自己卻失去了獨立生活的能力，從前自己可以去做薪水普通的工作，現在的自己卻怎麼也邁不出離開的腳步，更何況她真的愛上了他。

這多麼像奧黛麗．赫本（Audrey Hepburn）出演的電影《窈窕淑女》的劇情。只不過，錦月卻沒有劇中女主角那麼幸運，她沒有勇氣說出自己的愛，因為連自己也不相信。她也沒有勇氣自己邁出離開的腳步，雖然知道被拋棄是遲早的事情。

一段感情，如果一開始就摻雜了太多的功利和目的性，那它就像是一個炸彈。誰都不是傻瓜，相處久了，你愛的是他的人還是他的錢，人家怎麼可能感覺不到？可是，感情的事情，誰都沒辦法控制，萬一你真的動了感情，對方卻只認為你要的只是利益，這個時候你該怎麼辦？又或者，你們在一起真的只是各取所需，那對方遇到比你更能滿足自己需要的人的時候，會毫不猶豫地拋棄你，這個時候你又該何去何從呢？

做人可以精明一點，選擇能給自己好的生活環境的丈夫，沒人會說你什麼，但是真感情也是必不可少的，否則，你的投入真是既不安全，又無法真正快樂。因為物質在一定時間裡能夠滿足人的需求，但時間久了人的心理需求就展現出來了，因為人都是貪心的動物。

就像一齣電視劇裡有一位野心勃勃的女孩，她為了讓自己能過上上等生活的目的，不管是在工作還是愛情中都用盡手段。到後來她把所有想要的都抓在手中之後，卻只能對著自己最初的男友流淚。她後悔了，因為真感情回不來了。

物質雖然重要，但是人的感情也是逃不開的鎖鏈，與其最後悔不當初，最好還是不要完全出自於利益考量來找老公。

✦先搞清楚自己的「風險偏好」再下注

冒險和未知的感覺讓人興奮，這是很多人迷上賭博的原因。況且有一句話叫做「風險越大，收益越高」，也因此才有更多的人沉浸於一夜暴富的夢想中。人都有冒險的傾向，有些人在面臨選擇的時候放棄了小風險、小收益，而選擇進行一場豪賭。

對女孩子來說，婚姻對自己未來的影響無疑是巨大的，所謂「工作做得好不如嫁人嫁得好」這樣的說法，便是許多女人努力想嫁給一個好老公的心態寫照。戀愛、擇偶是有風險的，而很多女孩子面對這種風險都會有種與生俱來的勇氣，她們有時候會主動放棄安全的、能給自己平穩生活的男人，轉而去挑戰「高難度」的男人。

不能武斷地評論這樣做到底是對還是錯，但無論如何，把人生的希望寄託在別人身上，就已經是不理智的行為了。新時代的女性，樹立起「最可靠的人就是自己」這樣的根本概念之後，再根據自己的情況決定，要不要拿自己的青春年華來做為賭注。

拿不起放不下的人，最好不要跟著加入這種高難度的賭局。有的人輸得起，輸過之後不過是需要重整旗鼓而已。但是換作看不開的女人，一件小事就要糾結十天半個月的，根本把握不住機會，就不要湊這個熱鬧了。湊了，也只是浪費時間而已，甚至是浪費青春。

目的明確的人可以來賭一場。比如說現在很多人認為學歷高、能力強的女人難以嫁出去，因為男人會在這樣的女人面前抬不起頭來。你也可以反其道而行，偏偏做一個高學歷的溫柔顧家型女強人，雖然要當這麼完美的女人會很累，但是這樣的條件我們相信肯定能吸引一大批好男人，畢竟物以稀為貴。或者有的人就是想移民海外，那你就得想好移民哪一國，然後了解那個地方的文化，學習那個國家慣用的語言，找機會認識那個國家的朋友，打扮成他們會喜歡的樣子，找好目標後嫁過去。但這樣做風險也是很大的，因為人的素質良莠不齊，你和他的國家離得太遠，你也不容易驗證他說的話是不是真的。說不定他在家鄉裡老婆和孩子齊全，到你面前戒指一摘，照樣說自己未婚。

雅惠已經為人妻、為人母了，但是她總對自己的生活抱有不滿，覺得懦弱的丈夫不能帶給自己令人羨慕的生活，於是她開始沉迷網路，在網上認識了一位姓李的男人。這個男人自稱公司老闆、說話幽默，漸漸成為雅惠無趣生活中一道耀眼的光。

半年後，雅惠拋棄了自己的愧疚感，帶著家裡的大半積蓄投靠了這位「李先生」的懷抱，然後很快就被騙光所有的錢、流落街頭。她沒有臉回家，靠打零工為生，直到這時，她才明白平靜安穩的生活對一個女人是多麼重要。

雖說是賭博，卻連對方的籌碼都不曾見過，無視風險，何苦？賭徒都知道要在鞋底放一百塊錢當路費，懂得給自己留後路，他們雖然沒有破釜沉舟的人那麼勇猛，但是這對女人來說終究是一種降低風險、更安穩的做法，即使輸了也不會搞得自己太狼狽。

所以雖然大家都承認高風險、高報酬，但是真正進行高風險投資的人卻是少數，投資後真正獲得利益的更是少之又少。現實告訴我們，沒有實力的人要盡量壓抑自己的欲望、盡量讓自己過平凡的生活，雖然缺少刺激，但至少能夠平安過日子。

不當「烏鴉嘴」，要當「向日葵」

越怕出事就越會出事，這就是著名的莫非定律。這個定律在現實生活中有很多種案例可以參考，比如做一件事往往會比預計的時間久、越擔心某件事它就更可能發生。很多人我們覺得他們是「烏鴉嘴」，好的不靈，壞的靈。

就像悲觀的人好像總是更倒楣一些，這並不是巧合。悲觀的人在還沒有失敗的時候，心裡想得更多的是失敗，因此頭腦中就會出現失敗的心理暗示，從而導致做事的時候明知道這樣做會失敗，還是不由自主地這樣做。人越抑制自己不要往哪個方向想，腦中反而更會浮現那樣的畫面。比如覺得愛錯了人，越告訴自己不要想他，腦中反而會更清晰地閃現出你們相處的一幕幕。

所以，害怕事情的發生是沒有用的。心裡總擔心自己男友變心的女人，會在日常生活中表現異常，這樣男友反而更容易變心。現在我們學會了這個道理，就要學會怎麼讓自己擺脫莫非定律的輪迴。

解決的辦法只有一個，那就是：在遇到事的時候，不要想著如何逃避，而要想著如何解決。

看到山，有的人會選擇想方設法地繞過去，也有人會選擇翻過山去。選擇繞過去的人可能這輩子都會被自己心中矗立的山峰阻擋掉一份進取之心，只有勇敢地爬上去、看到山頂的風景，體會到一覽眾山小的豪情的人才不會常常敗在自己手上。

當你真正想要某種東西、某個人而不得的時候，如果試都沒試就放棄，這段經歷會成為你一生的夢魘。為了不讓自己累積太多的負面情緒而變得絕望，面對生活中遇到的問題是明智的選擇。在愛情中，有了問題一定要想方設法地解決，而不是把問題藏起來。因為人的潛意識是不受控制的，這個問題你以為自己忘記了，其實它只是在你的記憶裡蟄伏起來，等到理智無法壓制的時候就會「大爆發」。所以，逃避完全是治標不治本的方法，對真正解決問題根本就無濟於事。

所以，有事情就要解決，而且是越快越好。這樣處理事情一開始也許會覺得很辛苦，但是為日後的生活留下的隱憂卻會很小，能讓以後的生活變得輕鬆。就像讀書一樣，如果你好好預習，遇到問題時就弄懂它，你以後的學習就會更順利；但是如果你一個問題、一個問題地累積起來，以後在學習方面就會很吃力，甚至讓你失去信心。

所以不要給自己胡思亂想的時間，趕快想好事情的解決方案，快刀斬亂麻地解決問題。光是在那裡空想完全是無濟於事的，只有行動，才能產生作用。

由於工作問題，秀琴和文國夫婦長期分居兩地。

大家都說長久如此必會影響夫妻感情，秀琴也為此感到憂心。但是秀琴捨不得放棄夫妻倆待遇不錯的工作，就這樣把事情擱置了。這樣聚少離多的日子過了三年，秀琴自己都開始覺得丈夫對自己的問候都像是例行公事的敷衍。

後來，丈夫提出離婚。秀琴這才開始慌張，急急忙忙地趕往丈夫的所在地。但是兩人見了面，卻發現沒什麼好說的話，她想勸說老公的話也根本就說不出口。

冰凍三尺非一日之寒，他們的婚姻已經注定消亡了。

雖然兩個人都有錯，但是如果在意識到問題存在的時候秀琴就能果斷地採取行動，這樣的結果大概就可以避免了。

所以，要消除莫非定律的隱憂，以下兩點很重要。

1.習慣做最壞的打算

很多人會覺得時間不夠用或是錢不夠用，通常都經歷了這樣的思考過程：

比如說，月初領到薪水三萬元，六千元存起來，剩下兩萬四當生活費，平均一天有八百元的生活費。一兩天之後看上某件新款衣服，特價六千元，咬牙買下。留下一萬八，一天六百元也可以過得很輕鬆，又幾天過去，覺得該辦一張健身房的會員卡九千元，還剩九千元，以後每天三百元也能過得下去……長期這樣下來就不得不動用存款，而且月底還只能吃泡麵。

如果對待時間也是這樣，還有三小時可以做正事，先休息一下，再喝杯咖啡，不知不覺時間最後也只剩下一點點。

如果對待感情也是這種態度，那離危機不遠矣。如果事事都做最壞的打算，有了緊迫感，就不至於把事情推到以後再做，才能積極地解決問題。

2.學會樂觀地看待生活

應對莫非定律的終極策略是不把事情往壞的方向想。樂觀的人能改變生活，也能感染身邊所有的人。樂觀的人不容易被困難打倒，就算跌倒了也能很快就爬起來，以更加積極的姿態投入生活。

不要當別人眼中的「烏鴉嘴」，而是努力試著當人見人愛的「向日葵」。

與其在乎第一次，不如在乎下一次

很多女人非常在乎自己的「第一次」，不論是第一次愛的人或是第一次看的電影，甚至是第一次收到的花，每個第一次都被仔細地收藏著。這樣的少女情懷其實也無可厚非，不過，在筆者看來，「第一次」遠沒有「下一次」重要。

即使是再純真、再浪漫的回憶，也已經過去了，人總是要向前看，總是活在過去的人通常生活得都不怎麼順心。與其把精力放在不可改變的過去，不如著眼於現在和未來，做一點比較實際的事情，讓自己過得更好。千萬不要用「第一次」把自己困在過去、不可自拔。

妮妮瘋狂地愛上了一個流浪畫家，她愛他不羈的氣質、愛他自由的靈魂，更愛他對於小女孩來說浪漫得不可思議的生活。他的眼神也熱情地追逐和回應著妮妮，這是妮妮的初戀，同時她也奉獻了自己的初夜。在她的眼中，這代表著自己完成了美好的愛情藍圖，她決定陪他一起過流浪的生活，照顧他並和他永不分離。但對於畫家來說，她只是他流浪的生活中的一個過客。

很快的，他不告而別，妮妮的天一下子塌了，她曾不吃不喝地尋死，但是父母的淚讓她活了下來。此後的很長一段時間，她都覺得生活如此乏味。父母為了轉移她的注意力，介紹很多男孩子給她，但是，在妮妮看來，和畫家比起來，這些男孩子就像是家養的鴿子一樣，孱弱而無味。

她不斷地尋找著畫家的影子，喜歡學藝術的男人，但總感覺沒有畫家那種自然的韻味，她最初的愛情已經成為她的夢魘，她不斷想重現它卻又力不從心。於是她開始頻繁地換男友，讓家人擔心不已。直到有一天，在一場婚禮上，她再次見到了畫家，而他已經不再是當初她所愛的樣子。他看起來老實而乾淨俐落，守在新娘身邊傻笑，而且竟然已經不記得妮妮了。

回家後妮妮燒掉了自己珍藏的畫家為她畫的肖像，流著淚祭奠著這場只發生在自己心裡的愛情。

很多人都會犯這樣的錯，愛的人不在了，自己卻還固執地站在原地，不肯離去。「第一次」就好像是一個魔咒，讓人無法解脫。只有自己放過自己，才能開始新的生活。

還有很多女人迂腐地秉持著「從一而終」的傳統觀念，對自己的第一個男人死心塌地，即使是被惡劣的對待也選擇忍耐，特別是來自風俗較為傳統的地方的人。「我已經是他的人了，就得和他過一輩子」，很多遭到家庭暴力而不離婚的女人都有這樣的想法。

結過婚的、談過戀愛的女人就不值錢了，連很多女人都認同這樣的觀點。事實上，能讓自己貶值的人只有你自己，而只在乎你是不是第一次的男人真的不值得託付終身，因為既然選擇在一起，就要一起創造未來而不是回顧過去。

即使從前做過錯誤的選擇，現在要做的事情不是自暴自棄而是讓自己「升值」，創造美好的未來。少了一層膜反而更容易看到男人的真心，因為這時候說愛你的男人可能才是真正在乎你的人，因為他懂得欣賞你肉體以外的部分。

拋掉第一次的魔咒，你就不會重複過去的錯誤，因為「第一次」情結比較嚴重的女人會在不經意間尋找過去的影子，既然那一次是不成功的，就想得到心理補償，但是你有沒有想過這可能也是在複製失敗的經歷？

不要因為失去了第一次就覺得低人一等，這只是傳統觀念在作祟。誰沒有過去？難道對方是像水一樣的清純嗎？這基本上是不可能的。要知道大家是平等的，只有抱著這樣的想法，做事才能不畏首畏尾，你與對方的關係也才會更加平衡。

專情，對情而非對人

對於年輕男女來說，最美好的事莫過於有情人終成眷屬。這裡，我們要注意這個「終」字，最終，意思就是最後，在最後之前，一定會有一個很長的過程。所以，「終成眷屬」從來都不是一件簡單的事。每一個「終成眷屬」的背後都經歷過如唐僧所遭遇的九九八十一回的苦難。

在這個過程中，我們可能遭遇到所遇非人的情況，身體和心靈都受到莫大的傷害。但是，只要我們吃一塹長一智，下次選擇目標的時候眼睛盯得緊緊的，那麼，就沒那麼容易受騙了。

可是，這樣一來免不了就要「三心二意」了。從古至今，人們，尤其是女性向來推崇從一而終，「山無陵，天地合，乃敢與君絕。」

如果這個人不適合就找下一個，是不是顯得自己不專情呢？

不是的。專情，指的是對待愛情的態度矢志不渝，如果隨便對待一個人，即便他是邪惡之徒，也始終不渝，那不叫專情，那叫愚忠、愚昧。

每對相愛的人都可能因為這樣或那樣的原因最終分道揚鑣，這個時候你可能感覺整個世界都是灰暗的，失去了希望和憧憬。誰都會有這種感覺，但是如果你總是用灰暗的心看世界，那麼你將永遠沒有恢復的一天。只要抬起頭吸一口新鮮空氣，看看天空，只要一瞬間，你就會發現清晨的陽光還是那麼明媚，空氣依然那麼新鮮，鳥兒的歌聲依舊那麼動聽。地球不會因為你的失戀而停止運轉，時光也不會因為你的痛苦而倒流，你所能做的就是挺起胸、昂起頭來迎接新的一天。

看看你身邊的人是否因為愛情失敗而一蹶不振，走不出這個循環，他們可能因為失戀而變得脾氣暴躁、開始酗酒、對愛情失去了信心，不再相信愛情。看著他們的樣子，你一定會不斷勸說，因為你知道那是錯的，那樣做只是在傷害自己，是不理智的。這就是當局者迷、旁觀者清。可是為什麼當你面臨同樣的問題時就不理智了呢？同樣的，當你身邊的朋友失戀後迎來了新的感情，你一定會認為他成功了，可是為什麼你就不能和他們一樣走向成功呢？當你還沉浸在失戀的痛苦裡時、當你還對愛情選擇逃避時，可以多看看身邊的朋友，不要因為一次失敗就永遠地失敗。

遠在異鄉的他每天都思念著家鄉的女友，他想快點有穩定的經濟能力，把女朋友接來，或是有一天他奔波累了，回到家鄉、回到女友的身邊。他日夜堅定著自己對愛情的念頭、他每天都要聽到電話那邊女友的聲音、他發誓給女友最好的愛。曾經沒有人能夠改變這一切，沒有人。

可是，他在異鄉還是會遇到其他的女人，她就是其中一個。她給他帶來了別樣的感受，她慰藉了他的心靈、她比他的女友漂亮，她的眼睛甚至會使他思來想去。他在改變，他開始喜歡上她、開始追求她。他不是壞人，這跟品行無關，他的愛變了方向，可他的愛仍然是真的……

這就是事實……

一對相戀了六年的戀人，在即將走進婚姻時遭到家人的反對，他們開始反抗。但他們的敵人並不像他們預想的那麼脆弱，一方的家長始終無法接受對方，直到女孩心力交瘁。她是個好女孩、她知道要孝順、她知道不能只想著自己，最後她決定離開。她換了電話號碼後他們不再聯繫。

第一年，他們都很痛苦，甚至無法面對家裡安排的每一次相親。她覺得她不會再愛了，她甚至還會想到他，想去找他，她怎麼能這樣就失去了他。

第二年，她開始釋懷，她珍惜那段美麗的回憶，可沒有必要再見到他了，相見不如懷念。

第三年，她結婚了，她很愛她的老公，她甚至感謝家庭的反對，讓她找到了她的愛。她對他的愛也徹底消失了……

這也是事實……

真愛存在，也是在當下存在的真愛。

專情，不是對人，而是對愛情。

愛情，是一個心醉、心酸的過程，愛情的開始也許就意味著終有一天會結束。人的力量無法改變的結束。跟你對愛的執著無關，與你的堅強無關，因為你的堅強和執著本身就是世事變化造成的，也同樣會隨著變化而瓦解。

所以，愛情難懂、愛情易碎，愛情也同樣值得珍惜。所以相愛，一直以來都是一件千迴百轉的事。

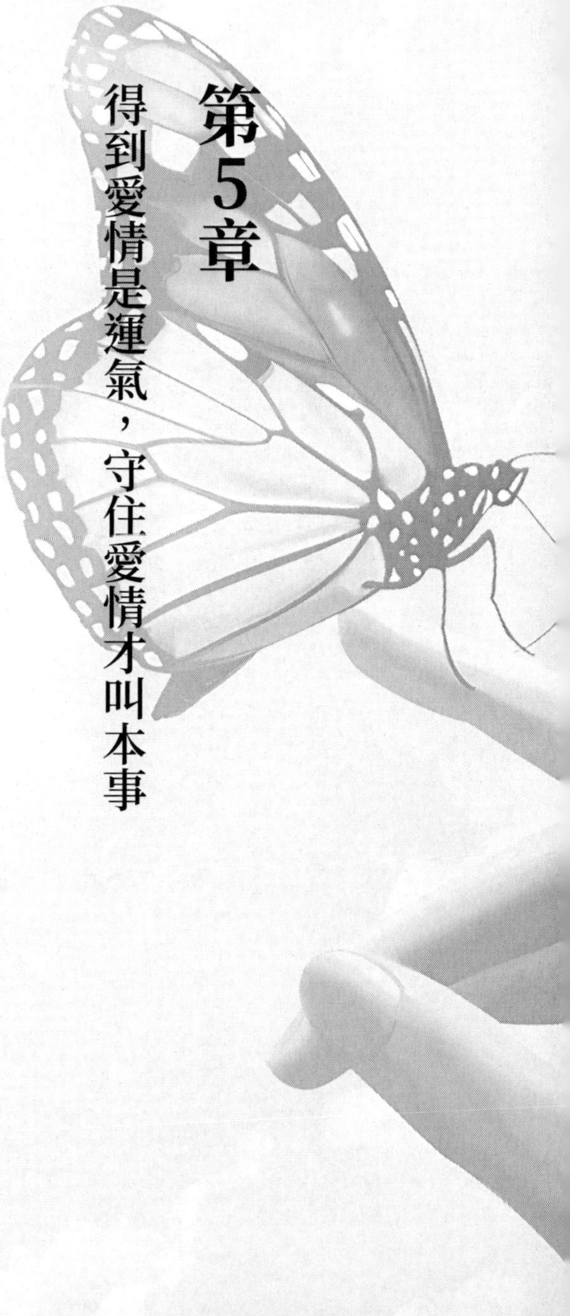

第5章
得到愛情是運氣，守住愛情才叫本事

現代科技發展，使得現代戰爭從過去的人海戰術變成了依賴高科技與士兵水準的模式。大家的婚姻與戀愛，也已經走過了父母之命、媒妁之言還有靠相親找伴侶的年代了。現代社會的自由戀愛，打的是「心理戰」。本章會針對現代人守護愛情的心靈祕方給一些提示，讓大家贏得愛情，更能守住愛情。

花花公子的祕密

在社會生活中，「馬太效應（Matthew Effect）」隨處可見。不論是在經濟領域，還是在追求名利的場合中，常常存在著一個現象：強者愈強，弱者愈弱。大牌明星出場露個面，就能獲得比他付出的要多得多的利益；甚至那些活躍在網路虛擬空間沽名釣譽的人，也懂得如何獲得名譽，人氣不斷攀升。

既然提起「馬太效應」了，不妨來找找它的出處。

《聖經》中〈新約．馬太福音〉裡這樣寫道。

一個國王遠行前，交給三個僕人每人一兩銀子，吩咐他們：「你們拿去做生意，等我回來時，再來見我。」

國王回來時，第一個僕人說：「主人，你交給我的一兩銀子，我已賺了10兩。」於是國王獎勵了他10座城池。

第二個僕人報告說：「主人，你給我的一兩銀子，我已賺了5兩。」於是國王便獎勵了他5座城池。

第三個僕人報告說：「主人，你給我的一兩銀子，我一直包在手帕裡保存好，我怕弄不見，一直沒有拿出來。」

於是國王命令將第三個僕人的那一兩銀子送給第一個僕人，並且說：「凡有的，還要加給他，叫他有餘；沒有的，連他所有的，也要奪過來。」

這就是馬太福音中的寓言故事。它的寓意是貧者越貧，富者越富。

「馬太效應」這個術語是美國科學史研究者羅伯特．莫頓（Robert K. Merton）於西元1968年提出的。他歸納「馬太效應」為任何個體、群體或地區，一旦在某一方面（如金錢、名譽、地位等）獲得成功和進步，就會產生一種優勢，會有更多的機會取得更大的成功和進步。他闡述這一觀點時引用了《聖經》「馬太福音」中的兩句話：「凡有的，還要加給他，叫他有餘；沒有的，連他所有的，也要奪過來。」

「馬太效應」就是這種現象：好的愈好，壞的愈壞，多的愈多，少的愈少。

其實，愛情中也存在著「馬太效應」。在我們周圍不缺這種男人，他們風度翩翩、氣質非凡、舉止優雅、談吐風趣、有修養。他們很受女人喜歡，也是女人追逐的對象。他們還是「偷心」大盜，走到哪裡都會竊走女人的心。他們的身邊絕對不缺女人。人們稱他們是花花公子。只要他們出現在情場上，就可以得到他們想要的女人的心。也許你會認為不公平，憑什麼花花公子們就能得到想要的一切！這就是「馬太效應」現象。擁有的女人越多就越能吸引女人，得到她們的愛。感情上一無所有，就會永遠孤家寡人。

說到花花公子，引用一位網友的話：「隨便占領女人的肉體叫流氓，隨意就能占領多個女人的心就叫花花公子。」

在愛情心理戰中，花花公子能夠成為「馬太效應」的主角，不僅僅在於他們所擁有的物質基礎和良好的自身修養，還在於他們是成功的「讀心者」。越能讀懂女人的心，就越容易獲得女人的愛。

花花公子在獵豔時，主要是獵「心」而不是獵「人」，他們懂得在追求女人的過程中尊重女人。而風度、氣質、情趣、內涵、修養等也是花花公子基本具備的條件。這樣的男人哪個女人能不為之心動呢？

花花公子講究的是追求女人的經歷，追求的是享受心動的過程，在自己享受激情的同時，也讓女人感受被愛的甜蜜，這樣有修養、有境界、有想法的男性，又有哪個女人不心甘情願成為被擒的獵物呢。

花花公子懂得怎麼營造浪漫的氣氛、製造唯美的情調，舉止得體，在和女人相處時，表現紳士風度。溫暖卻不乏誘惑的眼神、溫和卻又不失挑逗的語氣、溫柔卻有力的撫摸，和這樣的男人在一起時，女人變得更有女人味。他們的調情會讓女人的每一根神經都燃燒起來，獲得極大的愉悅。你說女人能不被他擄走芳心嗎？

有人認為花花公子遊手好閒、坐吃山空。其實他們才是賺錢高手。真正的花花公子是頭腦清醒、胸懷大志、事業有成的男性。絕不是人們想像的那樣庸庸碌碌、無所事事的男人。他們有本錢、有自信，就像馬太福音故事中的第一個僕人，懂得用1兩銀子獲取10兩銀子。同時還得到了國王更多的賞賜。女人能不為這樣的男人的魅力所傾倒嗎？

花花公子吸引女人的眼球，贏得女人的心，更成為女人寵愛的人。在他們身邊不時縈繞著美女，伴隨著才女，很讓那些追不到女人的男人嫉妒。

從某種意義上說，花花公子是身心健康、懂得生活、個性開放、忙裡偷閒追求女人的男人。他們倚重自己的事業，不斷發現自我、實現自我、超越自我。他們認為，追求女人是實現自我的一種方式，追求女人是生命中不可缺少的精神糧食，追求女人是人生中最美麗的一道風景。他們所追求的女人也斷然不是平庸之輩，是足夠吸引他們，並讓他們心甘情願地為之付出時間和金錢的唯美女人。

這就是花花公子在愛情心理戰中的表現，他們的祕密就是會利用自己的優良條件吸引女性，他們會迎合女人的心。他們是愛情心理戰中永久的贏家。贏者恆勝，輸者恆敗。

這便是愛情角鬥場中「馬太效應」的真相。

✦愛情中有進有退才是王道

涵涵和冠廷是大學同學。冠廷沒想到有一雙大眼睛又溫柔的涵涵談起戀愛來是這麼的孩子氣，涵涵也沒想到平時表現冷漠的冠廷進入愛河是這麼的溫柔體貼。戀愛中的男女總會被挖掘出不同的一面。涵涵被挖掘出的是最惡劣的一面，她總是提出各種無理要求來撒嬌、搞怪。

她早上要吃熱乎乎的早餐，冠廷會早點起來去買，放在懷裡暖著，在她的宿舍樓下等她起床。涵涵總是慢吞吞的，冠廷冬天時，要冠廷等半天、冷得半死才等到她走出來。但是不管怎樣等，看到涵涵出來吃早餐時的笑臉，冠廷總是毫無怨言。無論涵涵提出什麼要求，他都會答應。跟涵涵同房的女生總是說她命好，找到這麼寵她的男人。涵涵總是調皮地說，其實冠廷是世界上最陰險的人，他的目的是把她寵壞，讓別人都無法容忍，他就不怕我跟別人跑了。冠廷聽到她的理論依然是溫柔地笑而不答。因為冠廷的處處遷就，兩個人根本沒有吵過架，只要涵涵說什麼，冠廷都說好。

直到有一次，冠廷被班上另一個女生瘋狂的追求，儘管冠廷明確地拒絕了，這個女生還是不罷休。涵涵自然也知道這件事，心裡偷偷堵氣。某天下課，涵涵去冠廷班上等他一起吃飯，卻看見冠廷和這個女生接吻的畫面，氣得她直接跟冠廷提出分手。冠廷推開這個女生，想跟涵涵解釋，是這個女生看見涵涵走來故意強吻他的，但他知道氣頭上的涵涵根本不聽任何解釋，於是答應分手，原本以為過不了幾天兩人就可以和好了，但沒想到兩個人再也沒有任何交集了。他的妥協讓兩人從此形同陌路。

相愛的兩個人都要經過磨合才能達到共存，沒有人身上是沒有稜角的。兩個人要完美地達到共存，就要適當地磨掉自己身上的稜角。只有一方單方面地磨掉自己的稜角去適應另一方是不可能一直完好共存的，因為只要有稜角的那一方隨便翻個身，另一邊的稜角依舊會讓兩個人都受傷。最好的相處是兩個人合作各自磨掉自己身上的一些稜角，這樣才能盡量「吻合」完美。

愛情是平等的遊戲。不管兩人在別人看起來多麼不速配，一旦相愛，都要站在平等的位置說愛。哪怕是美女與野獸在一起，美女也得把外貌上的優越感放到一邊，優越感在愛情中是不應該存在的。

有個在感情上感到迷惑的男人向筆者諮詢，他和女友初入愛河，總是有很多意見不合產生的分歧，是聽她的好，還是堅持自己的好呢？我告訴他，女人都是希望被寵愛的，但是不能事事都順從她。你不一定要主導整個感情走向，但也不能節節敗退。愛情中男女都是平等的，偶爾順從是寵愛，事事順從就是溺愛，有進有退才是王道。

像冠廷只知道退讓，早晚會讓兩人的感情都退到懸崖邊。愛情中不論男女都是如此，你退一步，另一方立刻進一步。這樣對愛情發展一點都沒有好處，只能暫時和平共存，難以永久。把握愛情要兩個人共同努力，你不一定要主導愛情的發展，但是偶爾跑偏了也該導正方向盤。像冠廷這樣把方向盤完全交給涵涵的狀況，很難不跑偏，最終害人害己，斷送了他們這段珍貴的感情。

應該要是這樣的，進入戀愛關係一段時間後，兩個人回顧過去時，發現兩人都做出一些改變。有一些是你順了我的心意，有一些是我順了你的心意，我看你越來越順眼，你看我越來越可愛。這樣的愛情才是健康的，而不是一方因為另一方而迷失自我。你覺得怎樣好我就改成怎樣，你在哪出現我的心就在哪，我的出生就是為了迎合你，你永遠是我心裡的神。但誰都不是神！不管談戀愛之前你有多崇拜一個人，只要你們交往了，你們就是平等的。在愛情面前，身材、長相、家世、財力、氣質、修養這些通通不是決定因素。不要拿這些東西衡量地位高低，既然你選擇了我，我選擇了你，我們就是平等的。

有一句話是這樣說的，和你結婚的一定不是和你最相愛的那個人。其實這只是相愛但不懂如何愛的人造成的悲劇，不會愛的人總是想用各種辦法證明自己的愛或被愛，卻不懂愛不需要刻意證明什麼，最重要的是「懂得去愛」。

把愛情經營好，的確是一門學問。

愛情保鮮的祕訣：讓對方傷心

著名兩性作家吳若權先生曾經說過：在男女交往的過程中，輕易地承諾往往對愛情有最大的殺傷力，因此適度地讓對方傷心，可以讓彼此的關係更具有彈性，但切記並非是要讓情人陷入絕望，其中對分寸的拿捏要視對方能夠承受多少壓力而定。

這種愛情理論清晰地闡述了戀愛關係發展的定律。其實就是要學會適度地讓對方「吃醋」。嫉妒的表現，證明了對方愛你的程度，這是眾所周知的戀愛心理學常識。但許多人並不知道，如何在這場「考驗」心理戰中拿捏分寸。

朋友雨彤靠著不懈的努力，終於找到了滿意的工作，在陌生的城市中有了立足之地。一心想盡快離開那個不到4坪的租屋的她，最近總是坐在電腦前尋找房屋出租資訊。加上對新工作還不夠熟悉，每天都忙得不可開交。分身乏術的雨彤總是敷衍男友的邀約。男友自然對此表示不滿，並開始懷疑她最近反常的舉動。

最終男友無法忍受雨彤的「冷漠」，在電話中不斷地抱怨這位「不稱職」的女友。雨彤也沒發火，耐著性子聽完了男友的怨言與牢騷，然後笑著道歉，並希望男友再給自己一段時間去適應新生活。但是男友的疑慮不但沒有消除，反而更加懷疑雨彤。一氣之下，兩個人開始冷戰。

兩個月後，男友收到雨彤的訊息，上面寫著：「我想你，老地方見！」簡單的七個字，打破了僵局。後來，雨彤將男友約到新居。面對眼前的一切，男友瞠目結舌，懊悔自己曾經對雨彤的懷疑與不信任。當然，聰明的雨彤也悔過了自己曾經的行為。兩人的感情快速升溫，不久便組成了小家庭，日子過得十分溫馨。

後來談起自己曾經的經歷，雨彤總是笑而不語。其實，在她自導自演的這場戲中，雨彤獲得了成功。雨彤適度地令對方傷心，雙方的關係也曾一度緊張到崩潰邊緣。聰明的她當然懂得用最恰當的手段令雙方的感情保持彈性。這就是情人間不能說的祕密。

其實，現實生活中，這樣的例子隨處可見，從英國平民凱特嫁給威廉王子，到劉嘉玲不時傳出緋聞，卻還是成為梁太太。愛情就像是一根橡皮筋，繃得太緊或放得太鬆都會令橡皮筋彈性疲乏。只有適當地保持彈性，才能令其發揮最大功效。

要知道，僅僅擁有高IQ或高EQ是無法在愛情中生存的。只有懂得如何運籌帷幄、製造看似緊張的彈性關係，才能在這賭局中獲得最大的收穫。那麼，怎樣才能製造彈性關係，增進彼此的感情呢？

答案很簡單。

首先，心中要有分寸。兩人相處久了，就比任何人都了解雙方的底線。因此，即使是開玩笑也不能過火。過猶不及就是這個道理。在一定的範圍內，你可以製造任何「圈套」讓對方上鉤。正如雨彤的故事，兩個人冷戰久了，勢必影響雙方的感情，甚至會導致分手。把握好挽回對方的時機，才是獲得幸福生活的關鍵。

其次，給對方小挫敗感。如果對方問你：「我漂亮嗎？」你會如何回答？多數人會附和地說道：「漂亮！你是最漂亮的！」這樣的回答並不會給對方帶來任何愉悅，而更像是一種應付。但是，如果你此時一臉嚴肅地回答：「你不是我見過最漂亮的。」一定會讓對方有些不悅，心裡有些酸酸的、受傷的感覺。「但是，你在我眼中是最漂亮的。」這樣的轉折，馬上打消了對方心中的不滿。一個擁抱、一個燦爛的笑容，誰說讚美都要直接表達出來？先抑後揚的讚美更有取悅的效果。

還有，老是順從並不能帶來任何驚喜，小小的叛逆才能產生效果。兩人生活在一起，難免會為了一些小事情而爭執。結果往往是一方放手不理會，而這會被當成是順從的表現。時間久了，愛情的天秤傾斜了，感情難免出現危機。其實，很多朋友並沒有發現，在這場愛情心理戰中也存在著欲擒故縱的道理。男女之間，一方過度包容或過於強勢都會為感情埋下破裂的種子。只要時間、場合和處理方式得當，適當的小叛逆也可以發揮很大的效用。正是這小小的叛逆，才能讓對方傷心，讓他了解你的重要性，才能更好地協調兩人已經傾斜的情感關係。比起一昧的服從、強硬的抗拒或大發脾氣更能扭轉局面，拿回愛情的主導權。

最後，製造小矛盾、小爭吵也是一種溝通方式。二人世界中也存在著各自愛好習慣的差異。聰明的一方會利用這小小的差異來製造矛盾、「挑起事端」，而這正中對方下懷，在爭吵中雙方各抒己見，達到了溝通的目的，兩人達成共識。

日常平靜的生活過久了也會無聊，時不時地泛起情感的波浪，有起有落，一張一弛，這樣才能保持彈性的關係，令愛情長久。

肯定自己，信任對方

一部《美麗境界》讓很多人認識並了解1994年諾貝爾經濟學獎得獎者約翰．富比士．納許（John Forbes NashJr）的傳奇一生。由此，約翰．富比士．納許的數學理論「納許均衡（Nashe quilibrium）」越來越被人們所熟知，並被廣泛應用於經濟學、生物學、物理學及社會科學等領域。

人們不曾想過，如此著名的納許均衡理論，是約翰．納許在研究人類行為時得到的數學理論。與普通的數學定義相比，納許均衡同時體現出人類的行為及心理模式。

納許均衡，又稱為非合作均衡，是博弈論的一個重要術語。納許均衡的理論如下：「在這類均衡中，每個博弈參與者都相信，在選擇決策時，每個參與者都會選擇最好的策略用來回應對手的決策。也就是說，所有人的決策都是對自己最好的。」

在一個龐大的社會體系中，人身為單獨的個體，不可能永遠處於合作關係之中。非合作的博弈現象更普遍存在於社會生活中。生活中隨時存在著選擇，要人們做出最有利的決定。不論是購買商品、申請工作機會或是時間安排，甚至是伴侶都需要選擇。難怪人們經常說：人，從出生就面臨許多岔路。如何走下去，要看自己的決定。

誘惑無處不在，選擇無處不在，博弈也就無處不在。愛情心理戰中也存在著納許均衡理論，相愛的人彷彿同舟共濟，他們有可能站在一條船的兩端，執子之手，與子偕老，在船上漂泊一生；也有可能其中一方選擇跳進水中，離開一葉輕舟，而另一方也因失去平衡落入水中，溺水身亡。到底是寧願受傷也不跳水？還是小心翼翼地安撫對方情緒，隨時準備離開？

當兩個人共處於一個「困境」之中，經常會做出對自己最有利的決定，甚至忽略了兩敗俱傷的情形。但也許當你轉身跳入水中的同時，對方也做出了相同的選擇：跳船而逃。博弈也可以因此達到均衡，結果並不壞。

就像丈夫喜歡看足球比賽，而妻子想要看連續劇，同在一個屋簷下，兩人都希望結果對自己最有利，爭執不休的結果經常是不歡而散。後來，也許家裡多了一臺新電視；也許老公選擇約朋友出門看球賽。若是夫妻之間缺乏最基本的交流，時間久了、感情淡了，最終就會以離婚收場。

假如一方背叛，跳船而逃，而另一方還傻乎乎地緊抓二人的小船，乞求對方回心轉意，那這場博弈的結果簡直是太糟糕了。因此，如果你陷入了這樣的感情博弈，請盡快消除幻想，勇敢向對方說再見。

當然，在愛情中，也有那種白頭偕老，真心相愛為對方考慮的最佳組合。

還記得《麥琪的禮物》中那對處於「困境」的夫妻——吉姆和德拉嗎？丈夫吉姆賣掉了祖傳的金色手錶，為妻子德拉買了一套梳子作為禮物；而德拉卻賣掉了心愛的秀髮，為吉姆買了錶鏈。可是，德拉暫時不需要梳子了，因為她賣了秀髮為吉姆買了錶鏈；而吉姆再也不需要錶鏈了，因為他賣掉了金錶為德拉買了梳子。吉姆和德拉的行為表達了彼此相愛的程度：心裡想著對方，願意為對方付出。

在這場禮物「選擇」中，結局是暫時不需要對方的禮物，但是，他們卻找到了納許均衡的共點，那就是愛。

愛情的博弈，勝負結果取決於男女雙方相愛的程度，換句話說，就是信任度。了解對方愛自己的程度，才能做出最好的決策。有的人可能會說，吉姆和德拉彼此相愛，但還是弄巧成拙，其實不然，從表面上看，吉姆和德拉失去了心愛的秀髮和祖傳的手錶，但兩個人都做出了最好的決策，寧願傷害自己，也不願意傷害對方。

透過電影《天下無賊》中劉德華和劉若英扮演的盜賊夫婦，我們也可以看到類似的例子。想想看，如果劉德華沒有在打鬥中死亡，而是與劉若英一同被捕，兩人面臨的選擇就是招供或反抗。這就是納許均衡理論中提過的「囚徒困境」。與囚徒困境不同的是，兩個人雖然處於非合作關係，但卻彼此相愛。愛情會讓劉德華為了劉若英和兩人未出世的孩子選擇拒絕招供，一切後果由他承擔；而選擇拒絕招供也是身懷六甲的劉若英做出的最有利的決策。由此，均衡理論達到平衡，兩個囚徒在愛的指引下做出了最正確的決策。

看到這裡，聰明的你一定明白了愛情天秤上的平衡理論，一切取決於你愛對方的程度和對方愛你的程度。如果你愛對方，堅信這個人能夠與你同舟共濟、白頭偕老，那就在博弈中做出一些讓步。這小小的讓步，往往可以換來對方的信任以及最好的結果。

人生旅途中面臨著許多選擇、博弈。面對事業，你會清楚理解自己的需求，面對生活，你會準確地做出選擇，只有面對愛情時，會迷茫、困惑、不知所措。其實，只要你知道自己身處愛情博弈、肯定自己，信任對方，就可以做出最有利的決定。這也就是納許均衡理論在愛情中的具體展現。

你的不求回報只是一廂情願

愛情是兩個人的事，講求情投意合。生活中，你來我往的互動才能讓感情更加幸福。你不情或者我不願的感情都是毫無意義的付出。「強摘的果實不甜」的道理放在任何地方大家都能豁然釋懷。可是在感情的世界裡，經常有人為了愛情一廂情願的付出，結果讓自己受盡磨難、傷痕累累。

陷入感情旋渦的人，有的是天真的暗戀；有的是一味地付出不求回報，總之都是單方面付出的感情，所愛的人並不愛自己，卻還始終堅持，希望有一天能夠迎來成功。

有位同學的朋友是個很漂亮的女孩，氣質出眾，身材一流，家境也好。上大學的時候，她愛上了系上一名非常普通的男孩。他們不論是長相還是家境都相差甚遠。

愛情這東西有時候就像是毒藥，越付出越上癮。女孩背負著家裡的壓力與男孩開始交往。當男孩知道女孩的父母不同意兩人交往時，男孩心裡受到了傷害，開始故意疏遠女友，希望她知難而退。即便如此，女孩還是對他一往情深。

很快，兩人大學畢業。男孩想創業，女孩就想辦法幫助他籌備創業資金，為他想辦法。女孩在大學時代成績突出，畢業前就被幾家公司邀請入職。為了能離男友的辦公室近一點，女孩選擇了一家沒有前途的小公司，希望能有更多的時間和精力支持男友的事業。女孩在這家公司一做就是好幾年。眼看身邊的學弟學妹們都在大公司裡當了經理，女孩從沒有半句怨言。她從來都不曾後悔自己的選擇。身邊的家人、同學、朋友，甚至公司的同事都勸她尋找更好的工作機會，女孩卻還是默默守候在男友身邊。幾年後，男友的公司發展不錯，苦盡甘來的時候，女孩開始期待男友的求婚。畢竟共同走過了人生中最精彩的十年，現在公司步入正軌，也該考慮成家了。

後面的故事，不用說也知道了。就在女孩滿心期待男友求婚的時候，男友帶來了另一個女孩，並對她說：「我愛的是她」。

光陰荏苒，事過境遷。這個女孩如今已經是三十幾歲的女人。雖然她依舊光彩照人，氣質出眾，但畢竟美好的青春年華難以重現。

十年的時間，讓女孩失去了奮鬥的目標、理想的職業，更失去了愛人的勇氣。在感情方面，她變得更加孤獨無助，沒有家人、伴侶的鼓勵。她很迷茫，覺得上天對她太不公平。

在感情的路上人們很容易變得太過天真。人們似乎有個錯覺，認為不求回報付出就會感動對方，總有一天會有好結果。既然已經付出了，就不在乎再多付出一些。在投資感情上迷失了自我，一廂情願追求自己所謂的愛，默默奉獻，不求回報，到頭來還不是「為他人做嫁衣裳」。好多女孩都不自覺陷入這個輪迴裡逃不出來。

其實，愛情講求的就是情投意合，付出沒有回報，怎麼稱得上是「相愛」？「相」不就是相對、相互、相知相守嗎？在愛情的世界中，如果沒有這個「相」，那麼你付出再多也無濟於事，得到的只能是對方的感激或者憐憫。

愛情，就像交易一樣，彼此都要滿足對方的需要，如果有一方滿足不了對方的要求，或者有一方不情願參加這場交易，那麼這場交易就一定沒有好的結果。想想沒有好的結果的愛情是多麼殘忍。難怪單方面付出的人會如此痛苦。

雖然我們不能將付出的愛和量化金錢一樣計較，但是我們也不能將付出的愛理想化，認為自己就是童話故事中的王子或公主。真正的愛情是相互付出，各有回報。

如果你堅持認為愛就是默默付出不求回報，其實也沒什麼不對，假如雙方都為對方付出不求回報，實際上彼此都得到了對方最好的回報。

但如果一方對另一方的付出視而不見、一味索取，只有一方單方面付出，那麼這樣的愛情只不過是付出者的一廂情願罷了。前面講到的那位女孩的愛情故事不正是如此嗎？她的付出沒得到回報，因此她非常孤獨。

所以，愛情需要互動，當對方不再對你的付出有所回應，就請當機立斷離開他，千萬不要捨不得，盡快從修不成正果的愛情中走出來。與其在那一棵不會開花結果的樹上吊死，不如去開墾屬於自己的森林。

戀愛中的男女，如果能明白這些道理，就要去追求平等的愛情。有了平等的愛情，你的付出就不會徒勞，你才不會孤獨、不會無助、不會痛苦。因為，在這個世界上，有一個和你心心相印的人，驅走你的孤獨、支援你的無助、挽救你的痛苦。

最後，勸告那些與這個女孩有類似經歷的人，不要孤孤單單，該釋懷時就釋懷，整理好自己，去尋找真正屬於你的愛情。

好的愛情是磁場，壞的愛情是繩子

有的人說愛情是磁場，它將兩個成熟的異性男女相互吸引在一起，在磁場的作用下享受著愛情所帶來的幸福與甜蜜。

也有人說愛情是繩子，它將兩個成熟的異性男女捆綁在一起，在繩子的束縛下想著如何掙脫繩子的束縛。

其實，愛情的美好，在於每個走進愛情裡的男女，都憧憬著愛情的前景，渴望愛情的滋潤，期待幸福的降臨，愛情的最終結果應該要是幸福的。而如果相反，走進愛情後，卻發現雙方無法靠近，甚至想掙脫彼此，這便是一場錯誤的愛情了。

愛是需要技巧的，如果你不去用心經營，它會漸漸拋棄你。好的愛情是磁場，壞的愛情是繩子。

好的愛情該如何得來呢？對女人來講，建立自己的信心、增加自己的見識、提升自己的素養，時尚又有膽識，事業上能獨當一面，愛情裡溫柔可愛，具有剛柔並濟的處世態度和獨立的魅力，女人具備這樣的磁場，還擔心吸引不到男人嗎？

壞的愛情往往源於女人的自信心不足和缺乏獨立，過分地依賴男人。

有一個女孩，哭哭啼啼來到男友家向男友的媽媽苦苦哀求，希望男友的媽媽勸男友與她和好。原來是男友和她分手了，原因就是這個女孩黏男友黏得太緊了。

不管是上班還是下班，女孩都要求男友負責接送。有一次下班時間，男友公司有個重要的會議還沒有結束，實在沒有時間去接女孩，就打電話向女孩解釋，沒想到女孩不但不理解男友是為了工作，還抱怨男友不愛她，心裡沒有她，說男友是在找理由不接她等等。甚至懷疑男友是在和其他女孩談戀愛。這樣的事情發生過不止一次。

還有一次，女孩與自己的女同事發生了爭執，和男友講了自己的委屈以及他人的錯誤後，男友卻勸她不要每次都找別人的錯誤，多找找自己不對的地方，並告訴她寬以待人，嚴以律己的道理。女孩聽了沒辦法接受，認為男友不為自己說話，反而為別人說話。還用嫉妒的口氣反問男友是不是看上那位女同事。女孩也不止一次地這樣嫉妒別人。

此外，女孩在空閒的時間裡，做什麼事都要男友陪著，搞得男友身心俱疲。

終於有一天，男友的公司派他和一個女同事一起去談生意，很巧的是，商議工作的地點就在女孩的公司附近。於是他們就約好一起前往，反正剛好也要送女友上班。

萬萬沒想到，當那位女同事和他們一起前往的時候，女孩卻很不友善，問男友為什麼要約她跟我們一起？根本就是不愛我了、想跟別的女人走之類的話。男友向她解釋，只是因工作才一起而已。女孩完全不聽解釋，整路跟男友鬧脾氣，讓女同事不知所措，也讓男友丟了面子。

最後，男友實在忍受不了女孩這樣的個性，讓他沒有喘息的機會、沒有空間、沒有自我，於是向女孩提出分手。等女孩明白原因後，儘管後悔以前的做法，但已經無濟於事了。

看到這裡，我們不難得出結論：這樣的愛情就是繩子。有哪個男人願意被這樣的繩子捆得緊緊的呢？所以，聰明的女人會在愛情中找到自我、找到自信，建立起女人獨有的磁場，吸引住男人，而不是拴住男人。因為她們知道，男人需要的是自由，是能夠遐想的空間。

同時，我們也不難看出，那個女孩在這場失敗的愛情中缺乏的是什麼。她缺乏自信、缺乏自愛、缺乏獨立。總而言之，她缺乏的正是女人要建立的磁場。沒了磁場，還能吸引住男人嗎？

為了愛情，任何技巧和計謀無非就是要女人抓住男人的心，學會以下幾招：

要有自信。自信是我們每個人都應具備的特質，尤其是女人，有了自信就有了魅力。

要自愛。自愛是每個女人不可缺少的特質，自愛可以抵擋住誘惑，自愛可以保持清醒的頭腦，有了自愛就不會因為男人愛你而無限制擴張自己的權力，因為自愛懂得約束；有了自愛也不會干涉男人的理想和追求。因為自愛就懂得尊重；有了自愛就不會束縛男人的自由，因為自愛懂得給予。自愛使女人的磁場更好，它使女人溫雅賢淑、更有女人味，男人怎麼會離開這樣的磁場呢？

要學會獨立。獨立是使女人感覺起來最有智慧的特質，男人都喜歡有智慧且獨立的女人，具有凝聚力的磁場，能夠讓人向你靠攏。事業上不讓鬚眉、溫柔的氣質，看似柔弱內心卻強大的女人更能贏得男人的心。聰明的女人知道怎樣透過獨立的個性來保護自己，也知道怎樣運用自己的優勢獲得幸福。因此獨立的女人更有吸引力。

當愛情來到時，女人要充分運用你的磁場吸引住男人，千萬不要像前面提到的女孩那樣捆住男人。要知道，好的愛情是磁場，壞的愛情是繩子，繩子會讓男人有掙脫的欲望，磁場卻能給男人自由的遐想和永恆的誘惑。

捆住他，不如吸引他。

放下公主的架子，才有受寵的資格

據說，有種流行病叫「公主病」，現在非常流行，有這種病的人把自己想像成生活在童話裡的公主，自我感覺非常良好，有自戀的傾向。而且，公主病已經蔓延到我們的生活中了。

原本以為公主病只會發生在貴族和富裕家庭的女子當中，我們一般人是看不到的，沒想到這種病的傳染性這麼強，讓很多年輕女子都深受其害。可以理解的是，物欲一旦藉由科技傳遞，它的破壞性就會讓很多年輕女子抵擋不住。

其實，現代很多女孩子都是獨生女，從小嬌生慣養，家人百依百順，要什麼給什麼。這種依賴心態變成病態、驕橫無理變成習慣，過著公主一樣的生活。長大之後，這樣的女孩子吃不了苦，幻想自己是公主，或者希望有公主般的待遇。有了問題常常怪罪其他因素，缺乏責任感。這種症狀多發生在未婚的年輕女性之中，就是所謂的公主病。

患有公主病的女子具體來說就是認為全世界的異性都會愛上自己，矯揉造作、孤芳自賞、顧影自憐，並且已經到達自戀的境界。

患有公主病的女子會過分表現自己，喜歡幻想，期待屬於自己的白馬王子出現，周圍的帥哥如果對她比較關心，就會輕易產生被喜歡的感覺。很多人認為患有公主病的女子大多非常天真，類似於花痴。其實不是這樣的，有這種症狀的人更多是心裡空虛、沒有安全感，渴望被人當作公主般寵愛而已。

有一個女孩，家裡環境普通，但從小被寵壞了，什麼都不會做，有一堆不好的習慣，還總是對別人挑三揀四。交了好幾個男朋友，後來都被提了分手。現在依然是孤身一人。

她交過的男友中，其中有一位個性很好、工作不錯，感覺蠻有前途的男孩子。家人和身邊的人都很喜歡他，男孩對女孩也很用心，很多地方都讓著她。但是她仍然不滿意，挑剔男孩對她關心不夠，責怪男友沒有記住她的生活習慣，只要有一點不符合她的想法，就會向男孩大發雷霆，搞得男孩子不知所措。

有一次，男孩陪著女孩和她的父母到劇院裡看表演，男孩主動買了幾杯飲料，因為夏天很熱的關係，飲料就都加了冰塊。男孩將飲料端到女孩父母面前時氣氛還很和諧，沒想到當女孩接到飲料時，就像踩到了地雷一樣，她開始爆發她的公主脾氣，哪裡還顧得上什麼場合。父母勸說、男友道歉後，仍然一直責怪男友不重視她，沒有記住她喝飲料不加冰塊的習慣。讓男孩很尷尬。

時刻希望別人關注她、照顧她，沒有這些就會沒有安全感，只有獲得了關注、照顧和重視她才感到安全，這就是典型的公主病症狀。坦白說就是心理不成熟的表現，有哪個男人能長期容忍這樣驕橫無理的女子呢？

不知道為什麼，這位「公主」總是能遇上好男友。有一次交到的男朋友是她的同事，是公司某部門的經理，工作能力強、英文也好，公司的外交都交給他，為人處事謙和果斷，在公司照顧女子的工作，公司的其他女孩都很羨慕她，說她的運氣真好。

但是好景不長，公主病就是這樣，懶惰成性，她的工作無法完成就向男友求援，遇到需要翻譯時，索性就交給男友去做，不願意多付出一點精力，也不願意多學習一點。這樣一來，男友漸漸感覺到了她的懶惰和依賴，結果當然可想而知。

患有公主病的人總是自以為是，大事做不來，小事又不做，自己什麼都不會，還苛求別人百事百通。幻想別人都是她的僕人，來來去去為她服務，不顧別人的感受。和這樣子的女孩交往，男人的胸懷再大，也有無法接受的時候。

所以，患有公主病的女孩，要調整心態，甩掉驕橫、懶惰、挑剔的壞習慣，放下公主的架子，好好地感受人生的美妙，因為年輕才會有人圍繞在你身邊照顧著你，而隨著年齡增長，就會漸漸失去這樣的待遇，這個世界就是如此殘酷——老女人並沒有做公主的資格！到那時，你的公主病即使痊癒，也沒有男人問津了。

女人，要有自知之明，要讓自己動人心弦，學會與異性相處是一門實用的技術，也是決定你的人生好不好過的關鍵所在！

方向感決定一段戀情的未來

不管是男人還是女人，當愛情降臨的時候，要穩定住情緒，為自己確立一個方向，才能如願地進行一段戀情。

確立一個方向其實就是確定自己的感覺，定位自己的戀情，把握自己的人生。如果盲目接受突如其來的戀情，那就要持續觀察這段戀情的穩定性。

前幾天名叫子晴的朋友講述了她盲目接受不該擁有的戀情的遭遇。

子晴從小就有良好的家庭教育，在學校裡是個勤奮好學的孩子，大學畢業後，在人才濟濟的大都市中找到了自己的人生舞臺：她終於進入一間讓她仰慕已久的公司！

上班的第一天，子晴的上司就被她纖細苗條的身材、走起路來有模特兒風範的體態迷住。首次交流，子晴沒有看出上司對她的傾慕之意，心裡卻對這位談吐優雅、學識淵博、年紀輕輕的男上司產生了好感。

她的這位上司畢業於一所有名的大學，很受公司高層的器重，穩坐公司中間層的交椅。有一天，這位上司特別安排了和子晴單獨加班，空蕩蕩的辦公室裡只有子晴一人忙碌著。她對主管安排的任務不敢有絲毫怠慢。

上司悄悄走到子晴的身旁摟住她子晴柔軟的腰部，子晴覺得這樣的舉動很突然，雖然對他有敬慕之情，可是她從來沒有多想過，何況他還是有家室的男人。上司緊緊抱住了子晴，兩隻手臂束縛住她的手臂，她無力做出應該做的反抗動作，此刻子晴那顆意亂情迷的心已經完全擾亂她的矜持。

後來的日子裡，這位上司就像惡魔一樣抓住子晴想依靠他晉升的心願，更加得寸進尺。子晴一次次妥協，她想以此來為自己的前途找個有實力的靠山。

這段不該發生的戀情就這樣進行著，子晴把自己的前途賭在這個男人的身上，她相信他會給自己更多的晉升機會，她期待這一天到來。

子晴期待的日子並沒有到來，不久，這位上司因為業績突出，被提拔到總公司。同事都為他們的經理高興，只有子晴獨自難過，什麼承諾都變成了泡影。她厭惡這個虛偽做作的男人，子晴質問這位上司：「你給我的承諾呢？」上司卻冷笑著對子晴說：「不要激動，我們的事是你情我願的，即便你說出去，也沒有人相信！」。

子晴的心涼到極點，她狠狠地給了這個男人一個巴掌，揚長而去。

我們不禁為子晴抱不平，她為了保住來之不易的飯碗，接受了這段本來就不穩定的戀情。她走了一條布滿荊棘的路，把自己的前途寄託在這樣的戀情上，絕不是明智之選！

所以，當戀情來臨，首先要確立自己的方向，尤其是未婚的女孩，要想穩定自己的戀情，就要為你的戀情之船掌舵。

思妤和子晴不同，她和她的上司戀愛了，但她沒有將自己的前途寄託在戀情上，她認真把握戀情的方向，享受戀情給她帶來的感覺。

思妤和她的上司是在一次出差時喜歡上彼此的，她喜歡上司瀟灑文雅的氣質、善良謙遜的個性和很強的工作能力。而她的上司則喜歡她陽光的性格、機敏的性格和獨立的工作能力。因為公司不鼓勵辦公室戀情，所以他們只能暗中發展戀情。

為了穩定這段感情，在辦公室裡他們和其他員工一樣正常接觸，同事完全看不出他們的關係。思妤默默支持這位上司男友的工作，努力提高自己的工作能力，使這段戀情維持正確的方向。

說也奇怪，辦公室的氣氛促使他們渴望下班後的聚會，他們彼此珍惜相處的時刻，相互愛慕著對方，憧憬著美好的未來。

很快，兩年過去了，公司的同事還是沒有發現他們的關係。思妤遞交辭呈，選擇到其他公司工作，這次改變依舊是正確的。不久，男友在公司得到了升職、思妤在新的公司也獲得了重視，他們公開了戀情，並宣布結婚。

思妤的經歷證明了正確的方向是穩定戀情的一種方式。思妤在戀情發展時的每一步，都明確地知道自己該何去何從，無論是遵守公司的規定，還是為男友做出辭職的舉動，都是她方向明確的表現。

兩個故事，兩個主角的戀情有不同的結局，子晴走的是錯誤的方向，她的戀情是悲慘、無果的。而思妤走了正確的方向，她的戀情則是穩定美好的。

希望所有戀愛中的女性都能夠為自己的愛情找到一個正確的方向，把握好未來，給自己一個幸福的人生。

第6章
當你不知道他在想什麼時，這段感情就成為悲劇了

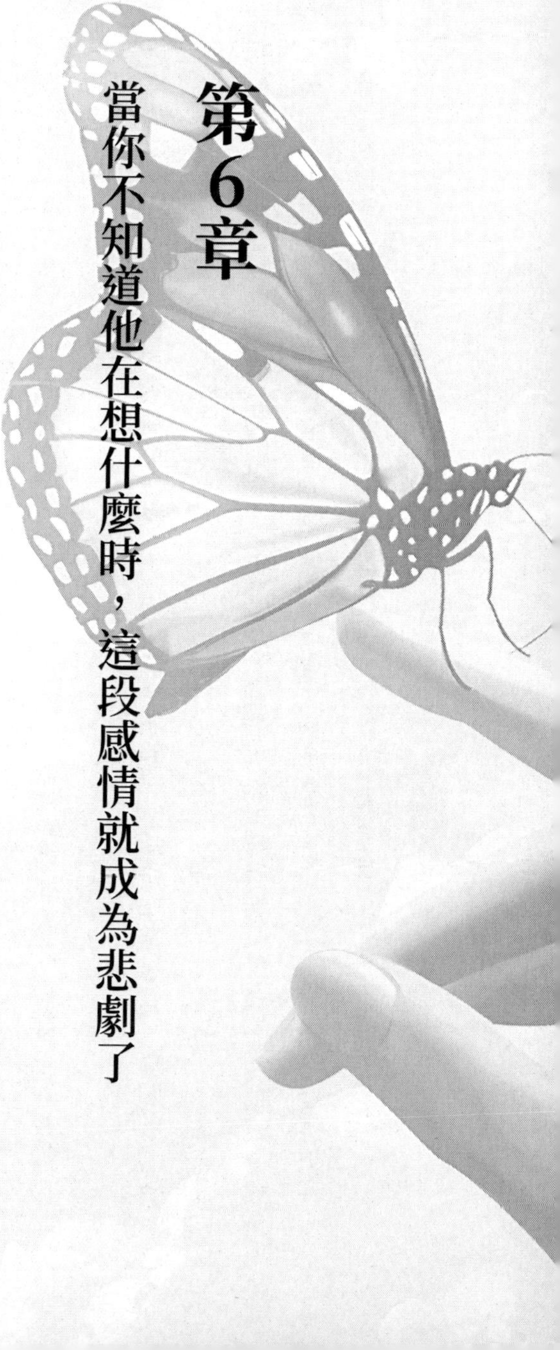

現在這種資訊流通快速的社會，大家應該學會利用從各種管道獲得資訊。了解對方的背景才是交往成功的前提，否則的話，就算你再機智，想出的策略再巧妙，也解決不了問題。這就像是醫生不對症開藥，隨便拿出來的藥，就算是再好的藥，對病症也是毫無用處，有時甚至還會有反作用。愛情也是如此，解決情感問題的根源在於理解問題到底出在哪裡。

盡可能了解對方，多多益善

古代打仗，士兵越多越剽悍、武器越精良，就越容易打勝仗；後來打仗，主要靠武器，一架戰鬥機、一輛戰車，搞定無數敵人；現在打仗都是資訊戰，這幾年美軍攻打外國，為什麼能「速戰速決」，主要倚靠的就是大量的衛星。哪邊有什麼動靜，美軍都非常清楚，美軍在哪有什麼設備，別人卻不知道，這樣懸殊的實力，就是美軍大勝的原因。

專業剖析上一段內容的話，就是雙方資訊的不對等，決定了戰爭「一邊倒」的結局。在愛情這場特殊的戰爭裡也是如此。一方對另一方很了解，另一方對對方卻毫無了解，處於這種狀態的男女關係是非常有問題的。其中典型的就是女人主動或被動成為別人的「小三」這種情況，大家明明都知道這樣的關係是非常不穩定的，而且女方更容易受到傷害，那麼為什麼「小三」現象卻越來越多了？難道女人都自甘墮落嗎？

根據相關調查指出，一半以上的「小三」覺得自己是為了愛情而不是為了錢，並且一開始並不知道對方已有家室，等到知道的時候，已經深陷泥沼，離不開這個壞男人了。

愛情會讓女人喪失自己的智商還甘之如飴，女人在享受愛情美好的時候，一定要小心。否則愛錯了，就會由你來贖愛情的罪。

資訊不對等，你了解他卻不讓他了解你，或是他對你的事瞭若指掌，你對他卻一無所知，不僅會讓女人選錯人，就算讓你猜對了，也會在相處的過程中很容易走入歧途，使愛情夭折。

最近有一個朋友向筆者哭訴，說自己的男人變心了，變得不像從前了。她希望我幫她分析一下男人變心的原因，希望找回從前那個疼愛自己的男人。我就問朋友她認為男友變心的具體表現，她列舉了一大堆，什麼他打電話越來越少，從前每一個重要的日子（她指的是包括生日、各種節日，還有認識滿一百天、交往幾週年在內的眾多日子）他都記得慶祝，現在卻會忘記，還有本來能很清楚地知道她在想什麼，現在卻連哄她開心都做不到。

針對朋友的性格，我也問了她幾個問題：你知道的關於你男友的重要日子有哪些？你男友喜歡的顏色是什麼？他鞋子穿幾號？衣服是什麼尺寸？結果朋友只回答出了其中一個——男友的生日，然後她恍然大悟地走了。

筆者這個朋友和男友之間的問題也是由於資訊不對等造成的，男友對她了解那麼深，記住了那麼多重要日子，她還覺得男友不關心自己，反過來想想卻發現她對男友的了解才真的不夠，這是很不公平的。在愛情中被呵護、被寵愛的一方卻常常「一葉障目」，看不到問題的關鍵，還會在不斷抱怨及索取中把自己的男人越推越遠。

可以這樣說，所有的愛情悲劇都和資訊不對等有關。一定要盡量避免這樣的情況發生，不做愛情裡的聾子、瞎子。

女人可以享受被追求的過程，但不可以沉溺在被寵愛的夢幻中，當「耳聰目明」的女人才能更好地避免愛情悲劇的發生。

想要做到這些，首先要清醒一點清楚，不要因為這個人對你「百依百順」，就無法明辨是非了。

有一個例子，小美嫁了一個好老公——他有錢、有長相、有身高。小美在被這樣優秀的男人用鮮花、華服的攻勢追求半年之後就欣然同意結婚。這麼完美的老公她還有什麼好挑的？結果一起生活不到半年小美就主動提出離婚，因為老公是個追求完美到令人髮指的男人，床單一定要用條紋的，半夜還會起來整理一次床單，把條紋拉直之後繼續睡，家裡的東西絕對不能移動。種種行為讓小美不堪壓力，直到兩人離婚。

所以女人在戀愛或是決定要戀愛的時候一定要保持清醒，好好地了解這個男人，再決定交往的事。

其次，身為女人，要明確了解男人的哪些條件會對今後的關係發展至關重要。

第一當然是外在條件，不只身高、體重、經濟能力，你要知道的是他的家庭狀況，他有沒有老婆你總得搞清楚吧？要不當了「狐狸精」自己還不知道，那有多傻？女人們，記住一點，不願意提及自己的家庭，或是交往很久都不帶你去他家看看的男人，多半心裡有鬼。

第二，要了解這個男人怎麼看事情。如果是希望有一個溫馨家庭的女人，就不要挑事業心太強的男人，在那種男人的心裡，也許找個女人結婚只是人生規劃中的一步，而不是因為愛。

第三，要了解男人的生活習慣，差距太大的生活習慣會導致男女完全不能一起生活，而且這些多半是靠愛也解決不了的。

最後，了解他的朋友圈。按照「物以類聚，人以群分」的法則，透過了解他身邊的人來了解他。而且，注意力要放在他早就認識而且能長期保持友誼的朋友身上，這樣的朋友最了解他，也和他最相似，不過這樣的朋友心是向著他的，你了解資訊的時候要多注意，別讓人給「欺騙」了。

✦不妨有目的性地做點「傻事」

情侶之間的互動交流，需要的是真情，以情動人這件事，在戀人之間永遠是有效的。在愛情中有的時候做一筆「虧本的交易」，反而能感動你的他。

就像麥琪的禮物這故事一樣，兩個人竭盡自己的全力為對方買一份禮物，雖然禮物都失去了用途，卻讓他們體會到了即使再多的金錢也買不來的甜蜜與溫馨。這個故事中的禮物之所以感人，並不是因為禮物的貴重、不是因為他們送了對方平常買不起的東西，而是因為他們肯為對方犧牲的心。

情侶之間的事情，不是買賣，不講究CP值，誰先感動對方，誰先獲得對方滿滿的愛，誰才是真正的贏家，「吃虧是福」這個詞，就是這個道理的最佳寫照。現在有很多女性，都有斤斤計較、不肯吃虧的問題。你沒發現懂得顧全大局、肯讓步的女人反而讓人覺得楚楚可憐嗎？男人都吃這一套，既然這樣，女人何不多多學習怎麼「以柔克剛」呢？

也就是說，兩情相悅，需要你多從愛的角度出發去考慮一些問題，生活中很多時候都是「錯有錯招」。

津津非常挑剔，結果她卻讓人們大跌眼鏡選擇了平凡又木訥的小武當男友，而且兩人相處得很融洽。津津樂在其中的模樣，讓朋友們不得不懷疑小武是不是表裡不一，還是藏了什麼對付女人的「祕密武器」。

朋友們假借聚餐的機會「拷問」小武是怎麼打敗眾多對手抱得美人歸的。小武說自己能追到津津是因為自己做錯了一件事。

去年津津出了個小車禍，左腿骨折了，至少得休假一個月，而這正是津津發展事業的關鍵時期，這樣的打擊讓津津很難過。而她的追求者就趁著這個機會大獻殷勤，什麼送花呀、照顧呀，花招層出不窮。小武呢？卻消失了，本來就沒怎麼把他放在心上的津津幾乎忘了有這個人。

半個月之後，他回來了，帶著重金買回來的虎骨——聽說虎骨對骨折的治療很有效，能縮短康復時間，他卻因為無故請假，丟掉了一個大客戶，被老闆罵了一頓還被扣了幾個月的獎金，加上買虎骨的費用，讓他吃了大半個月泡麵。

這些情況，津津的眼線一一告訴了她，於是兩個月後，津津成了小武的女友。值得一提的是，經過檢驗，小武買回的是野豬骨頭，燉湯還行，治骨折好像沒什麼效果。

由此可見，情人之間發生點「傻事」不僅可以調劑生活，還能促進兩人感情的發展。

儘管這樣的「美妙的巧合」不是時時都有的，但只要你多多觀察，做到上一節講到的「資訊對等」，其實是可以「製造」的。只是在這個過程中需要一點技巧，同時也存在盲點。

首先，臉皮要厚一點，既然決定了要「做傻事」，就要放開自己、豁出去，一味保持矜持的姿態是換不來對方的愛的。其實，把這件事當成一件增加情趣的事情來做，而不是把它當成一件任務去完成，就完全沒有心理「阻礙」了。

其次，「做傻事」要分時間、分場合。故意犯錯也要選在合適的時間、地點，否則就不是情趣而是讓對方丟臉了。

第三，你的目的是愛而不是欺騙，你可以製造一點巧合，但這些都要建立在「無傷大雅」的、善意的、對任何人無害的基礎上。人們都喜歡善良的人，沒有人願意身邊躺著一條毒蛇。

第四，行動之前最好找異性諮詢一下這樣的事會不會讓他們感動。因為男女的認知是有誤差的，女人覺得他應該感動的事也許男人會無動於衷。別等你費了很大的力氣做了對方卻沒反應，反而會讓你覺得很挫敗。還有最好諮詢不認識你的戀人的異性，免得「走漏消息」。

✦不愛不需要理由，愛卻一定要有理由

在愛的世界，很多人選擇「跟著感覺走」，因為他們相信愛是不需要理由的。正因為如此很多人被自己所謂的直覺欺騙，陷入了糟糕的感情裡，無法自拔。

一個人無法對另一人產生愛的感覺，可能僅僅「沒感覺」三個字就能解決。畢竟愛情不是只看條件，再合適的條件和理由也不一定能催化愛情。不愛就是不愛，這對一個人的感情生活不一定會產生很大的影響。

但是，愛上一個人卻一定需要理由，否則你的愛就是盲目的，這樣的愛情是充滿隱患的。這裡說的理由，不僅僅是產生愛情的理由，更加是維繫愛情的理由。

盲目的愛，結果只會傷人傷己。身邊有很多這樣的例子。

婉君和建宏在大學時戀愛，剛開始兩人在一起的理由也蠻無聊的，只是因為各自的朋友都有了男女朋友，剩下兩隻「單身狗」，於是就在朋友的「撮合」下可有可無地開

始交往。兩人都不是個性活潑的人，平常有交集的人也不多，於是這場戀愛竟然跌破眾人眼鏡的一路談到了畢業。

兩人正式見了對方家長，但是婉君是北部人，建宏是南部人，兩人一南一北，婉君家人擔心女兒嫁過去會很辛苦，建宏的家人卻擔心婉君會把兒子帶到北部發展。沒想到家長的反對，卻為兩人本來平淡的戀情加了一把火，兩人反而覺得自己的愛情就像是羅密歐與茱麗葉一樣的偉大和浪漫。

兩人不顧家人反對，在外面租房子、登記結婚。讓人沒想到的是，就在家長決定同意的時候，兩人竟然閃電離婚了！

其實，這兩人因寂寞無聊而決定戀愛，在交往過程中也沒有好好了解對方，不顧一切結了婚後，才發現爽朗的婉君看不慣建宏的小家子氣；細膩的建宏也受不了婉君隨便的生活態度。最後，這段短暫的婚姻只好走向尾聲。

盲目戀愛，盲目結婚，這樣的「愛情」，不是亂來二字可以概括的。所以，決定要愛之前，請先給自己的愛找個好的「理由」。

為自己的愛情找理由，並不是要每個人變成「勢利眼」，只挑選條件好的對象，這不是筆者的初衷。

因為每個人對於生活的要求都是不一樣的。有的人是完全的視覺系，另一半不一定要多麼勤勞、獨立，但是長相一定要順眼；有的人需要見識豐富的另一半，伴侶一定要博學多聞；有的人想過奢華的生活，未來的另一半最好能讓自己少奮鬥十年。

真正的愛不可能是轉瞬即逝的，想要天長地久的愛，或是想要自己的愛情保持活力，就要把愛情建立在「有理由」的基礎上。

不僅尋找的戀人要符合自己的心理需求，同樣，你也要搞清楚自己是否符合對方的需求，明知道自己不符合對方的要求，還要勉強裝成他心目中的樣子，這樣強求的愛，肯定是經不起考驗的。

最近有一則新聞裡就有這樣一個傻女人，與相貌堂堂、個性體貼的高中同學重逢之後愛上對方，卻在同時得知這位男同學家境不好，所以想找一個對自己的未來有幫助的女友。於是她省吃儉用，然後在男子面前裝成出手闊綽的樣子，並謊稱自己的父親這幾年做生意有所斬獲，家中資產已逾千萬。後來甚至跑去當詐騙。

她沉浸在自己騙來的愛情裡不能自拔，最後東窗事發，依靠她過上奢華生活的男人得知真相後，毫不猶豫地撇清關係，拋棄了她。

這個女人很傻，她傻就傻在明知男人根本沒有理由愛自己，自己也不符合男人的需求後，還去創造一個假的「條件」。愛是相互的，你有愛他的理由，他也要有愛你的理由，這樣的愛才能穩定。

在愛情的世界裡，想要立於不敗之地，就要遠離盲目的愛。你沒有愛他的理由，只是因為習慣和害怕寂寞才在一起，你不會獲得快樂；同理，勉強待在一個沒有絲毫理由會愛你的人身邊，你也會隨時面臨被冷落被拋棄的危險。

所以，明智一點，確保你們相愛的理由靠得住之後，再發展你們的愛。

◆讓自己永遠是新的，他就不會「厭舊」了

兩個人剛開始談戀愛的時候，男方想打動女方，可能會想到要送花，第一天收到花的女人可能會非常高興，第二天送，她還會高興，但是興奮度可能會有所降低，第三天則可能更低，以後的日子還會遞減。如果男人一直送下去，女人則有可能把收到鮮花當做人生中一件平常的事情，根本就不會有多少感動。

一個男人剛開始追求一個女人，一開始，女孩的一顰一笑在他眼中都是動人的旋律，女孩對他的每一點關懷都會讓他非常感動，但是，時間久了，女孩再用同樣的方法關心他，他心中的觸動就不會那麼大了。這就是男人喜新厭舊的由來。女人對男人的喜新厭舊可謂是深惡痛絕。其實，女人也會這樣，只不過傳統觀念使得女人喜新厭舊的週期變長、反應變小而已。

既然知道，喜新厭舊是人不可改變的本性，身為女人就需要做一些事來防止自己的幸福變質。

其實說起來，只有一句話：讓自己永遠是新的，男人就沒有「厭舊」的可能了。我們由外而內分析，從外表看，女人需要常常改變，有投資才會有回報。女人得先捨得投資自己，才能獲得男人更多的關注。他總說愛你的內心，但是哪個男人不喜歡看起來順眼、帶出去有面子的女人？但是我們這裡所說的改變和大家心目中的可能不盡相同，這種改變不是一件新衣服、一個新髮型，畫一點妝就可以的，而是整體上的改變。不變是不變，要變就徹底一點，取消平常的衝動消費，存在一起「給他好看」。

不要一直對他那麼好，這個問題筆者深有感觸。

小時候家裡表姐弟、堂兄妹很多，我卻總能得到家長的誇獎，他們都說我很勤勞。其實如果要說勤勞，我比不上表姐和堂妹，但是她們總是幫忙家中大小事，家裡的長輩都已經習慣了；而我平常一動也不動，大家知道我很懶，所以我偶爾幫忙掃掃地都能被誇獎。

這個道理在女人對待男人的問題上也能通。總是對他太好，日復一日的，你把自己累得不行，對方卻已經習以為常，還不如平時表現得一般，偶爾給他個驚喜，能有驚喜的效果。

女人，保持神祕感很重要。男人不應該是女人無話不談的對象，坦誠相待固然是好，過於坦誠以至於毫無祕密，那你就失去了對付男人的一張王牌了。

詠晴有一個上鎖的小盒子，放在抽屜的最裡面，男友早就看到了，雖然想問，又怕是女友以前的傷心回憶，問了好像顯得自己很小氣。可是看詠晴很小心對待、很珍惜那個盒子的樣子，又忍不住好奇。有一天，他終於問出口，詠晴卻沒回答，只是承諾以後會給他看。

這個「祕密」一直保持到結婚五週年紀念日，詠晴把小盒子的鑰匙作為紀念日的禮物給了老公，這個時候兩人正面臨著感情變淡的危機。老公打開盒子，原來裡面都是這段感情的見證，他第一次買給老婆的廉價戒指、兩人一起出去玩的門票……老公沉浸在回憶中，眼神越來越溫暖。

聰明的女人，就像一個上鎖的盒子，在適當的時候開啟，讓男人以為自己掌握了女人所有的祕密，但過不了多久，就要讓他知道還有下一個、下下一個盒子等他開啟，讓他在這樣神祕的「遊戲」中欲罷不能。

用這樣神祕的方法來對付男人的喜新厭舊，比起碎碎念、吵架等，肯定比較有用。

別去找他「不愛你」的證據

愛情是簡單的、純潔的、美好的。那麼，為什麼很多情侶無法堅持到最後，最終選擇分道揚鑣呢？各式各樣的問題糾結著相愛的人，比如性格不合、環境造成的誤解、第三者等等。維持愛情真的很難嗎？不見得！大部分問題的來源是人們總認為對方不夠愛自己。很多人戀愛之後都會陷入一個既定模式：對愛情越陷越深，同時越來越害怕失去，所以總是要透過各種考驗來驗證對方對自己的愛是否也如自己愛對方一樣多。於是，感覺對方稍微忽略了自己，都會發脾氣、吵架。這是大部分女性都容易犯的錯。

好比說筆者的一位朋友，她說她的老公結婚以後就沒有像結婚前一樣在乎她了。前幾天兩個人去逛街，她口渴了，叫老公去買瓶飲料，結果老公買回來兩瓶柳橙汁，她非常生氣：「你明明知道我喜歡喝豆漿，為什麼買這個？叫你買個飲料你都買不好！」我聽了朋友的訴說，笑著問她：「那你為什麼不叫他幫你買豆漿呢？你這樣說，他就不會買錯了啊！」她理直氣壯地說：「可是他應該知道我喜歡什麼啊！」

我想，男性們應該遇到過很多類似的事，心裡除了委屈還覺得女方無理取鬧、不講道理。說到底，這也是女性心裡缺乏安全感的一種表現，也許你覺得他理所當然地知道你的暗示、知道你的習慣、知道你心裡的想法，但是就是這種你心裡的「理所當然」造成很多爭執，小則爭吵越來越多，大則造成無法挽回的後果。

有的女性說，男人結了婚就會變，結婚前一個樣，結婚後又一個樣，但是你有沒有想過你是不是也變了？是不是你的要求越來越多了，是不是你的「理所當然」變多了，是不是你全心全意都在驗證他的愛是否變少了？

這種錯誤有時候不只會發生在女性身上，男性也會犯，尤其是如果男女雙方都有這種想法，那後果就更嚴重了！

夏先生和何小姐本來是一對感情很好的夫妻，但是結婚不到兩年卻瀕臨離婚。原因是為什麼呢？

何小姐是夏先生的再婚對象，而且夏先生比何小姐大五歲，因為結過一次婚，他希望能平平淡淡過一輩子，對於何小姐往往比較謙讓，凡事都順著她的想法。何小姐年齡比較小，因為喜歡夏先生的成熟穩重，所以決定嫁給他，雖然他離過婚，但是何小姐覺得有過一次婚姻的男人更懂得珍惜感情、更有責任感。

既然這樣，為什麼要離婚呢？

心理諮商師先問何小姐，何小姐說，夏先生對她漠不關心，什麼事都讓她自己做主，有時候她問他的意見，他也說聽她的就好。時間久了，何小姐感覺被冷落了，於是她想要生一個小孩。一方面，她覺得如果老公愛她，就應該和她有屬於自己的小孩；另一方面，她希望這樣他能把更多的目光放在她身上。但是當她提出想要生小孩這個想法時，老公卻很猶豫。於是何小姐更確定了夏先生不愛她，既然不愛她，什麼事都不關心，連孩子都不想要，那不如離婚算了。

夏先生的想法卻是，既然愛她就應該讓著她，凡事遵從她的意見。本來經過一次婚姻的人對感情已沒有那麼轟轟烈烈的感覺了，更加平淡如水。小孩的事情，夏先生覺得老婆年紀還輕，不希望讓小孩成為她的牽絆，所以夏先生覺得再過幾年生小孩比較好。當婚姻諮商師告知他們對方的想法後，他們才發現忽略了對方的真實想法。

一方覺得「這樣」是不愛的表現，另一方覺得「這樣」是愛的表現，卻從來不直接把自己的想法告訴對方，總是把自己心裡的「理所當然」當成是對方應該知道的。就算對方是你的愛人，但他畢竟不是你。他會關注你，但要求他明白你的每一個暗示、你心裡的每次不快是不可能的。

相愛的人更應該用最直白的語言溝通，並且相信對方，也是相信你自己。

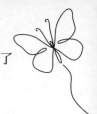

「視其所以，觀其所由，察其所安」

《論語》中有這樣一句話，「子曰：視其所以，觀其所由，察其所安；人焉廋哉？人焉廋哉？」

孔子這句話，意思是：對於一個人，要觀察他為何去做這件事，再觀察他如何去做，再觀察他做此事時的心情如何，安或不安。如此，那人如何隱藏自己呢？

所以，孔子的這句話，是教我們怎樣觀察和判斷一個人的。

上一節我們已經說過了，互相了解很重要，其實不光是在關係開始的時候，在關係進一步發展的時候更是重要。愛情出招、接招多半依靠你對他的了解。你對他的了解比他對你的了解更多，那麼你手裡的籌碼就多一些。

好比社會上感情詐騙的案件，如果被騙的人能夠做到「視其所以，觀其所由，察其所安」，完全可以避免被騙。

去年，靜靜考上了臺北某大學的研究所，入學三個多月時，家裡打電話來說媽媽生病了，她很緊張地去火車站買票，結果排到隊的時候才發現背包裡的錢包被偷了。萬般無奈之下只好尋求路人幫助，結果拜託很多人都沒人相信她，最後她環顧一圈，發現一個男生看著她，她鼓起勇氣向他求助，然後這個男生欣然地借她火車票錢，雙方也留了聯繫方式。

之後靜靜回到學校後再次與這個叫以翔的男生聯繫，後來兩人開始變熟，以翔開始追求靜靜。以翔從其他地方來到臺北看她，靜靜幫他訂了住宿，兩人一起去很多地方玩。以翔說他沒錢，這段時間都是花靜靜的錢，靜靜因為對他心存感激所以沒有起疑心。接近寒假，靜靜因為家中發生了一些事心情很煩躁，以翔提議帶靜靜去他老家散心。兩人去了以翔家，以翔非常自豪地說：「這是我女朋友，她是臺北名校的大學生！」他的家人都很高興，頻頻舉杯勸酒，靜靜在眾人面前也沒辦法說什麼。因為都喝了一點酒，晚上以翔找靜靜聊天，待在她房間很久很久都沒打算要離開，靜靜一時沒把持住與他發生了關係。

之後回到學校，以翔在她的學校開始擔任保全，更是與靜靜形影不離。沒過多久，靜靜發現自己懷孕了，她與以翔沒有結婚，而且還在上學，只能去做流產手術。因為這段時間都是花靜靜的錢，靜靜早就沒有錢了，跟同學也已經借了很多次，實在不好意思再借，只好跟以翔開口。以翔聽了之後說沒問題，但是他沒有錢要回家裡拿錢，靜靜聽了很高興，結果以翔就這樣一去不復返。

其實，這個故事裡，從以翔借錢給靜靜時就已經開始在玩弄她了。如果靜靜擦亮眼睛好好想想：

第一，以翔跟她交往那麼久都沒有工作嗎？

第二，如果一個男人的女朋友比他學歷高很多，大部分人都會心裡不舒服，而不是拿出來炫耀。

第三，靜靜沒有正式答應他的追求，以翔就公布兩人交往，這是不是很奇怪？還有以翔聽見自己要當爸爸的反應是爽快答應借錢動流產手術，也不太正常。

人們都說，身在愛情中的人是傻瓜，可是再傻也不至於傻到失去任何分辨能力，尤其對於那些匆匆認識的人，更是要保持十二分的謹慎態度。

那麼如何做到「視其所以，觀其所由，察其所安」這十二個字呢？

其實很簡單。

首先，視其所以。對於一些別有用心的人來說，他們做一件事通常都有非常強的目的性，對於無法達到目的的事情他們絕對不會做。當有異性接近自己或幫自己做一件事時，我們就要對他的目的做一番考察，或者透過旁敲側擊、或者透過他身邊的朋友，這些都是獲得有效資訊的途徑。如果對方是抱著「認真相處」的態度接近自己，那麼，就大膽歡迎（至於適不適合，視情況而定）；如果對方是抱著「占便宜」或者「純粹利用」的目的接近自己，對於這樣的人，要立刻敬而遠之。

其次，觀其所由。一個人做事的態度往往反映出真實的內心，比如他答應你的事就立即去做，甚至毫不在意精力、時間和金錢上的付出，就表示對方在乎你多於在乎自己，對方的真誠不言而喻；相反，如果對方拖拖拉拉，找很多藉口，為你做任何事情都顯得斤斤計較，那麼就表示，在他心裡你並不重要。

最後，察其所安。如果一個人見到你總是一臉壞笑，露出一副刻意討好的嘴臉，並且在成功後，得意之情溢於言表。不用說，這種人絕對另有目的。

總之，用自己的眼睛觀察、洞悉對方，這在發展兩性關係時很重要，如果你不想被另一方牽著鼻子走的話！

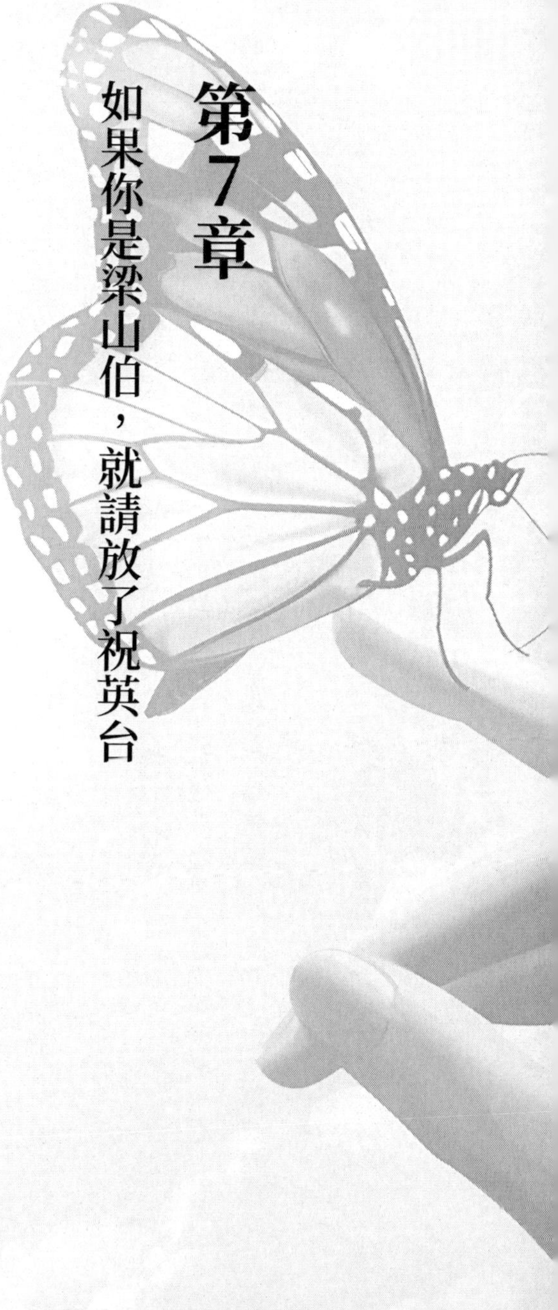

第7章 如果你是梁山伯，就請放了祝英台

誰會想到愛情中的成本？大多數人年輕的時候會忽略掉這個問題。本章將分析愛情中的成本問題，教大家盡量不要做一些高成本、低報酬的事情（簡單來說就是教大家怎麼做才能不走歪路），學會所謂的「壯士斷腕」，並且明白「時間能洗刷一切」的道理。

有一種愛情叫做適可而止

最近網路上有一個流行的話題：有一種愛情叫做適可而止。意思是說如果你不想在你的人生中承受很大的損失，就要學會適時停下腳步，尤其是愛情。

古代有很多掙脫婚姻束縛的典範，那時候的男女沒有自由的婚姻，只是接受著父母之命、媒妁之言。女子嫁雞隨雞、嫁狗隨狗。為了追求自由戀愛，有的甚至付出了生命的代價，梁山伯與祝英台的故事就是最好的範例。

也許梁山伯與祝英台的故事過於淒慘，有一首歌是這樣唱的：「如果我是梁山伯，一定放過祝英台，讓她和別人去相愛，生個漂亮的小孩；如果我是梁山伯，一定把愛藏起來……」直白地說出了對愛情的態度，真正的愛情是藏在心底的，這種釋懷的感悟，也許才是眾生所需要的音符。

愛情需要釋懷、需要反思，愛情的模式有很多種，愛也是需要適可而止的。不管你是愛一個人或者被一個人愛，都要懂得適可而止，也就是要有愛的分寸感。

愛一個人，如果沒有分寸感，一昧把所有的感情，包括親情、友情等通通放在你的「愛情」裡交給他，願意為他粉身碎骨、犧牲一切，這種「沉重」的愛，摻入了一些一廂情願、一些不理智和衝動，多半會讓對方承受不起，因而導致自己的情傷。

愛需要默契、寬容和理解，不管這個人是不是你的最愛，都應該有所節制，因為不是所有的人都一樣的善良。一昧為情所困，就像一個感情乞丐，把自己的一切都抵押在別人身上，以至於讓感情取代了自己的生活。

我們應該適當地嘗試讓自己的心靈變得豁達，讓愛在一種平淡中走向堅固和永恆。人的一生中，感情最難的部分不在於愛上一個人或是對他說我愛你，而在於愛得尊重、愛得持久和愛得平等，乞求和強求的愛是不幸福的，不幸福的婚姻是一生中最大的損失。

生活是很現實的，人都要經歷很多考驗，人生中會有很多意想不到的事情發生，所以在感情的世界裡，不只是一句我愛你就可以解決問題的，我們要有足夠的耐心去面對。無論人生的變化會有多大，無論這個變化對你有多大的影響，都要記住這樣一句話：愛，需要適可而止。

一個值得愛的人並不容易找到，有時窮極一生也未必能如願。真正懂愛的人不會讓別人受傷，值得讓你流淚的人也不會讓你流淚，有時候愛別人或者被別人愛都是進退兩難。所愛的人並不一定愛你，而愛你的人又不一定會是你所愛的。追求一個所愛的人和拒絕一個自己所不愛的人，同樣是一件讓人心力交瘁的事。

其實在現實生活中並沒有所謂的完美愛情，只有為了完美的愛情而一起用各自的責任心堅持不懈的過程。享受與辛苦相依，甜蜜與苦澀相伴，那些想像中的浪漫和完美將隨著日子的消磨而變成一種平淡。真正的愛情以相互信任和相互負責以及相互妥協為前提，能夠共度歡樂的時光，更能在痛苦的日子裡相互扶持。兩個人對待愛情的共同的責任心能堅持多久，這份感情就能延續多久，愛情的長存需要兩個人的步調一致。

能在愛情中做到適可而止，相信你會很幸福，愛上一個人，你不會走到懸崖邊縱身跳下；如果被愛也懂得適可而止的話，你就能為自己的愛情累積多一點好處，少一些損失。

享受愛，但不放縱，這樣大家都能幸福！

✦擇偶如選鞋，合腳最重要

「愛」，是我們從一出生就開始接觸的議題。走過青春歲月，我們學到愛與被愛，並慢慢地相信，「愛」不但是個名詞，更是能夠永遠持續的動詞。隨著年齡增長，閱歷豐富的我們終於在經歷各種悲歡離合之後學會了一個道理：愛情不代表婚姻，浪漫並不等同現實。與其等待所謂的「真愛」降臨，不如回過頭，看看身邊那個一直守候你的人。

一位曾不停更換女友的友人不久前宣布了婚訊，這個消息讓所有朋友都很震驚。大家都很好奇，想要看看到底是何方神聖能捕獲情場屢戰屢勝的浪子。

婚禮當天新娘出現的瞬間，令眾人跌破眼鏡。本以為會是美若天仙、風姿綽約的美嬌娘，結果卻是相貌平平、身材欠佳的「黃臉婆」。婚禮儀式如常，卻很巧妙。本來以為是請了專業公司幫忙，後來才知道是賢慧的新娘一手包辦。

婚禮過後，這位朋友找大家出來喝酒，席間說出了真心話。大學的時候，他與一位學妹愛得轟轟烈烈、死去活來。畢業後，兩人在同一個城市工作，多年後，卻因為一句「不適合」而分手，前女友不久後移民去了加拿大。

從此，這位朋友身邊開始女友不斷。已經不再相信愛情的他，卻幸運地找到了一個適合結婚的女人。「她雖然不算漂亮，但她的賢慧讓我很心動。老天給了我這麼好的女人，我一定會好好對待她。」朋友一臉幸福地說道。

我們每個人都對愛情賦予了獨特的定義。話說回來，愛情其實只存在於大家的想像中，而生活卻是現實和殘酷的。當然，沒有愛情的婚姻是有風險的，但是只有愛情的婚姻，風險也同樣存在。愛是基礎，適合才更重要。

何謂適合？適合就像螺絲和螺帽，緊密地結合；適合就像磁鐵的南極和北極，放在一起就能互相吸引。適合是一種兩個人都舒適的狀態，因為舒適而習慣，因為習慣而適應，因為適應而平靜。而能禁得起平淡的生活考驗的其實才是真正的愛情。刻骨銘心的愛是愛、相濡以沫的愛也是愛。

兩人相處久了，雖然不再有雨中漫步的浪漫，也不再有生日時送上禮物的驚喜，卻會有更多的默契，舉手投足間滲透著兩個人昇華的愛情。沒有人可以談一輩子戀愛，也不會有人給你一輩子的浪漫，但卻有人能給你一輩子的感動。

如果你身邊有這麼一個人，在你皺眉的時候，送上一杯你最愛的熱巧克力；在你開心的時候，默默地陪你傻笑；在你傷心的時候，任由你無理取鬧地發脾氣。那就請你不要再耗費時間等待愛情降臨，因為真正的愛人已經在你身邊守候，而你卻尚未發覺。正所謂，眾裡尋他千百度，驀然回首，那人卻在燈火闌珊處。愛並不需要等太久。只需要你放慢腳步，回過頭用心發現而已。

相信看到這裡，聰明的你一定會問：怎麼樣才算是適合？答案其實很簡單。

擁有相同的價值觀和人生觀，彼此了解並互相包容與接納對方。仔細想想，其實每個人身邊都有具備這樣的朋友。所以說，很多步入婚姻殿堂的伴侶都是從朋友變成好朋友，最後走到一起的。以當朋友的心態去看待身邊的人，就不難發現身邊有很多適合自己的人。他們不一定是你最愛的，但絕對是最了解你的人。

看過很多情侶吵架都是因為互相猜忌。不是認為對方「劈腿」，就是覺得對方說謊。其實，真正能與你一起生活的人，是你從來不用猜忌對方的人。因為你的信任與了解，你也會得到相對的尊重。相處久了，對方的一舉一動都了然於心，你還會胡思亂想、無理取鬧嗎？當然不會。

能夠在對方面前做任何自己想做的事情，說來很簡單，但做起來很難。不論是男人還是女人，談情說愛的時候都互有顧忌，說白了就是虛榮。女孩子總是會從裡到外認真地打扮，而男人也不忘噴點香水再用半個月的薪水請女友吃大餐。當你在一個人面前可以不顧面子地大吃美食；可以不用特別化妝打扮就輕鬆出門；可以把自己最真實的一面展現給對方，沒有面子和虛榮，這個人就是適合與你共度一生的那一位。

與其在人生中不斷地尋尋覓覓，不如選擇一個適合的人，培養一段或許會有結果的關係。所謂的「愛」，並不需要等待，而是需要用時間去培養、去呵護。

人生中，你最愛的那個人也許是無意中遇到的，而最適合的人卻是自己選擇的。適合的愛人，並不是從眾多的「候選人」中選擇出來的，而是在適合的時間遇到了適合自己的人。最重要的是，你能明白這才是你應該去愛的、值得用一生去愛的人。

可以純潔，但不要太「矜持」

人們總是追求一種純潔的愛情，這種純潔是指純粹心理上的愛情，就是因為這種純潔的愛情實在找不到，所以人們才苦苦地尋找。如果你認為愛情就是純潔的，那你就太蠢了，現實生活中，沒有一種愛情是純潔的，因為我們生活在一個現實的世界，那種純潔的愛情只有在小說裡才能找到。

愛情的歸宿是婚姻，婚姻是由生活中的瑣碎小事組成的，它是建立在物質基礎上的。因此，愛情不可避免地摻雜了物質的成分。世俗凡人，無力超脫上天給予的現實。

事實上，愛情的純潔與純粹只是相對而言，愛情純潔的程度取決於物質與新裡層面在愛情中所占的比例。精神在愛情中所占比例大，就可以認為是更為純潔的愛情。三毛與荷西的愛情，堪稱是純潔的愛情，確實他們的愛情在世間是很難找到的，但他們的愛情純潔也只是相對而言，並沒有超脫物質。因為荷西所賺的錢可以和三毛一起環遊世界。而柏拉圖式的戀愛在現實生活中是根本行不通的，沒有物質支撐的愛情很快會在痛苦中枯萎凋零。

在這個無處不充滿利益誘惑的社會，我們有多少人不曾感到失望？「愛情」似乎已經成為一個奢侈的名詞。

現實生活就像一張巨大的嘴，只有不斷地往裡面塞東西，才能得到平衡和穩定。拿什麼東西去塞？柴、米、油、鹽、醬、醋、茶，生兒育女、傳宗接代，吃、喝、拉、撒、睡，還有住和行，這都是最基本的生活。千萬別小看物質，講求物質條件的婚姻，未必不幸福。但不具備物質條件的生活，一定很不幸。純粹的愛情之火，最終都會熄滅，取而代之的是生活瑣事中的親情。沒有金錢和房子，只有純粹的愛情，拿什麼來養活一家人？當然也有很多夫妻是一起努力白手起家的，為自己創造了穩定的生活基礎。兩人一起努力打拚是心理上的互相支持，而結果還是要轉換到物質上，因此，再純粹的愛情也敵不過麵包。

這世間的事物沒有絕對，只有相對。愛情從某種意義上講，除了作為一種情感存在，還有一份責任。當情竇初開的時候，生命中最初的那份愛，可以稱得上是純粹的愛情，那時的愛情，擁有太多的浪漫和海誓山盟。

當現實一步步逼近，你不得不從浪漫中走出來，去面對迎面而來的真實生活的時候，你就會發現這份愛在現實世界中顯得那麼脆弱、那麼無力、那麼無奈。結局有兩種：一種是兩人齊心協力、克服重重困難終於抵達理想的目的地；另一種則是純粹的愛在無情的現實面前輸得乾淨。

現在一些年輕人不是在嘗試一種新的結婚方式嗎？他們不買房子、不買車子、不辦婚禮、沒有婚戒直接登記結婚。這種現象代表年輕人追求返璞歸真的愛情，但這樣的婚姻能堅持多久？我們暫且不說。至少這表示兩個人要齊心合力、努力奮鬥、一起打拚。有朋友認為：這本來就是年輕人正常的生活狀態，一結婚就有房、有車也是整個社會對幸福生活病態、扭曲的理解，但你願意嘗試嗎？

感情是會改變的，現代社會中，金錢在現實中展現了不可替代的作用，人們不同的價值觀讓我們發現「太純」的愛情似乎就等於「太蠢」的愛情。

兩個人走向婚姻的禮堂，不光是有愛的原因，也有許多其他的理由。或許因為年齡的原因，抵擋不住父母的嘮叨、難以抗拒朋友的關懷、忍受不了親戚異樣的眼光。所以為了結婚而結婚；或許拿自己的青春做賭注，用年輕貌美做為交換，嫁給年長你許多的有錢人；或許你只是為了滿足自己的虛榮心，娶了一個「花瓶」當自己的伴侶；或許你只是為了找一個傳宗接代的工具。這樣的事實擺在你的面前，你還相信純潔的愛情嗎？

其實，這不過是一種自欺欺人和無奈的舉措罷了，沒有一定的物質基礎，怎麼談情說愛？只有結婚證書的婚姻，就像一張紙，能不能經得起風吹雨打，就要拭目以待了。充滿浪漫氣息的愛情令人嚮往，但多數人在擇偶問題上更加現實。事業和物質大於愛情，是目前許多年輕人不得已的選擇。

一位替兒子相親的母親發現不是自己兒子不符合女方有房、有車、有好工作、無貸款的要求，就是女方不符合自己開的工作穩定、相貌的條件。還有一位男子勇敢寫出了無房無車、無權無勢，只有真心一顆，求有緣人的徵婚啟事，文采斐然卻沒有打動任何女人的心。

我們不必強調心理層面的崇高，也不必嘲笑講求物質基礎的庸俗。因為這個世界就是物質與心理的混合體。物質與心理，並沒有哪個崇高，也沒有哪個庸俗。

在這個物欲橫流的社會，我們嚮往和追求的那種純潔愛情，就是一種奢侈的追求，更是一種幻想式的追求。物質的世界決定了愛情的物質性，我們無法超脫，只能面對。

任何事情都有兩層，雖然我們的觀念每分每秒都在隨著知識、閱歷的增加而改變，但是內心深處總有許多不變的東西，那就是嚮往愛情。不是所有的人都嚮往虛榮，大多數人還是願意憑藉自己的努力去尋找、創造屬於自己的幸福。

沒有注定的不幸，只有不放手的執著

沉沒成本指的是因為過去的決策而導致不可回收的成本，並且這個成本不能透過現在或是未來的行動所改變，例如時間。如果我們為了做某件事已經花了時間，這些時間成本就收不回來了，因為時間不可能倒退。

大家可以在做某件事情的時候考慮一下是否已經為這件事情付出了沉沒成本，是否值得再付出更多。比如說為了某段已經失去的感情要死要活、折磨自己。

再直白一點，現在講究節約成本，談戀愛也要這樣，少浪費金錢、少浪費時間、少浪費感情。但是，人是感性與理性兼具的動物，說不傷心就不傷心、說忘情就忘情是不可能的，我們只能學會更「聰明」一點。否則，只會讓我們浪費更多的人生成本，特別是時間和生命。

這裡有一個因為執著於命運而愛情觸礁的例子。

智明和美玲都是軍人，兩人從小一起長大、一起入伍。某次兩人情不自禁，美玲懷孕了，她為了保護智明而拒絕交代情況，等到智明再去探望美玲的時候，美玲已經被強制轉職了，小孩也因為美玲受到驚嚇而流產。智明萬分愧疚，他立刻向美玲求婚，但是當時是他升軍官的關鍵時刻，美玲答應等他升官了兩人就結婚。可是就在智明升為排長的時候，卻得到美玲在工廠上晚班回家途中遭搶劫而身亡的消息。望著臨死還抓著他們的定情信物——一隻木雕猴子（這是智明領到第一筆獎金時為屬猴的她買的）的美玲的屍體，智明覺得自己的世界一下子變成了黑白的。這個處處體貼自己的女孩，還來不及得到自己應該給她的幸福時就離開人世，人生真是太殘酷了。

後來十年過去了，智明不顧家人的反對，放棄前程、離開部隊，去了遠方獨自生活，而且也沒有再談過戀愛。然後他遇到了與甜美單純的美玲完全不同的倩如，這個女人好像一團火一樣闖進智明的生活，她年輕、有魅力、大膽，而且從不掩飾自己的愛。她追了智明三年，想到家裡還有期盼著能抱孫的老父母，智明接受了倩如，但是，他把自己的心和那隻木雕小猴子一起裝進了鐵盒子裡，讓倩如的一腔熱血找不到出口。結婚近一年，倩如懷孕了，覺得完成任務的智明毅然投身於加工出口的流行中。而且他抓住了機會，離職之後在國外做起食品貿易，於是更有理由在國外一待就是五六年，期間只回家過了兩次年。

這段時間，倩如在家照顧老人和小孩，總是任勞任怨。每次智明回來總是認真地伺候，她期待能和自己深愛的丈夫在一起，她寧願不要現在這一筆筆寄回來的錢。可是每次智明總是來去匆匆，直到倩如的熱情在一年年的等待中變成了灰燼，她答應了一直等待自己的一個男人，智明回國來辦離婚手續，再見這個幾乎有些陌生的妻子，智明卻驀然發現自己的心中有她的影子，有她笑起來嘴角的紋路和彎彎的眼睛，否則，當初他也不會把自己對美玲的罪惡感放在旁邊，以老人的願望為藉口娶了她，但是，一切為時已晚，他只能帶著孩子孤獨地過完下半生。

人都要誠實地對待自己的感情，只有珍惜現在，才能擁有美好的未來，智明如果在美玲活著的時候給她更多的關注和呵護，也許悲劇就不會發生。後來娶了倩如，就該正視自己的情感，這樣也就不會到了最後，也沒有讓她們之中的任何一個得到幸福。

有的執著是無謂的執著，就像沉沒成本一樣，無論你現在或是將來做什麼事情都是無法改變的，我們要關注的是透過自己的努力可以改變的事情。愛的人去世了，我們可以幫助他完成心願，照顧他的家人，而不應該自以為是地沉浸在悲傷中，因為這樣做不能給任何人帶來任何好處。

而且一般人遇到的事情遠遠沒有生離死別如此的嚴重，就因為這樣，在有機會的時候，就更加應該正視自己所擁有的事物。注定失去的東西，就算再美麗也只是鏡花水月，不如緊緊抓住自己手中能把握的存在。

望君憐取眼前人，這才是最重要的。

小心「慣性」謀殺了你的幸福

為了正確描述經濟制度的演變，道格拉斯．諾斯（Douglass Cecil North）提出了「路徑依賴（Path dependence）」這個概念，意思是指人類社會中的科技演進或制度變遷均有著類似於物理學的慣性，即一旦進入某一路徑（無論是「好」還是「壞」）就可能會對這種路徑產生依賴。一旦人們做了某種選擇，就好比走上了一條不歸路，慣性的力量會使這一選擇不斷強化，並讓你很難走出去。

用大家能理解的方式舉個例子，如果你進了一家小吃店，吃過之後覺得味道還不錯、價格也適中，那麼，當你又經過這裡，也需要找地方吃飯的話，即使旁邊還有別的選擇，你大概還是會選擇去過的這家店，這樣幾次之後，就會形成習慣，成為這家店的常客，直到你發現這家小吃店有你不能接受的問題，比如說菜裡有蟲之類的。這種「路徑依賴」形成的原因在於人類對自己熟悉的東西、人物、地點總會產生安全感、依賴感。這種熟悉是相互的，比起完全陌生的人，只見過一次的也能算是「熟」人。

「路徑依賴」理論被廣泛運用於經濟領域中，比如說廣告就是這樣。在你選擇商品的時候，如果有個品牌是常常在廣告中出現的，你就會覺得比沒見過廣告的還要熟悉，你選擇這個品牌的機率就會比較高。你選擇、使用了這個品牌的產品後，如果蠻滿意的，你就很容易會一直用下去。同樣，人的情感在一些時候也會受「路徑依賴」的影響，為什麼人會「日久生情」，常常在一起的男女，到了適當的年齡，也許就會覺得一起這樣生活下去也不錯，就自然而然地在一起了。

但是，人的慣性有時候也是很可怕的東西。因為有的時候你會分不清楚你的戀情到底是愛還是只是因為慣性在作祟。在愛情開始前如果分不清是習慣還是愛情，就會在選擇是否要與某人在一起的時候感到猶豫；或是相愛久了的人不知道自己與愛人之間是愛情還是慣性；又或是在一起了才覺得總是缺少什麼，察覺出這不是愛情而分手；更有人因為習慣了而忽視對方的感受，直到失去了才後悔。

小梅和阿東都沒考上大學，在家鄉的工廠工作兩年後，兩家人都覺得對彼此還算熟悉，兩個人的條件也差不多，而且兩家離得不遠，小梅和阿東可以算得上是青梅竹馬，所以就希望他們能結婚。他們看對方也蠻順眼的，也沒什麼合不攏的地方，於是就同意了。

他們都怕家裡催促生小孩，於是一起跑到市區裡工作，日子平淡地過了一年半，看多了身邊的愛恨糾葛，兩人很平靜地離了婚，因為他們知道自己的婚姻沒有愛的存在，這樣的人生兩個人都不想要，這也就是他們不想要生小孩的原因，因為他們下意識地覺得這場婚姻不會長久。

只不過在當時他們看來，生活就是這樣，別人的生活也是這樣，朋友變成伴侶而已，不會有什麼變化。只是到了外面，看到了別人的愛情，他們才發現自己也會羨慕。在這場短暫的婚姻當中，誰也沒有錯，只是大家都以為習慣可以維持婚姻，但他們做不到。

分清是愛還是慣性，可以讓人在愛情裡少走錯路，讓人少做傷人傷己的事情。這件事說簡單也簡單、說困難也困難，首先是需要知人知己，最重要的是不要欺騙自己。人都有安於現狀的特性，很多人都會下意識地認為得過且過比尋找新的突破、新的生活還要輕鬆，這就是人容易被慣性迷惑的一大原因。這和我們自古以來只求安穩，不願改變的傳統觀念也有關係。

因此，很多人的愛情裡都有太多忍耐，不到萬不得已，不願意分手，在一起的時間越長越是這樣，多少人談了七、八年的戀愛，最後分手時雖然難受，但更多的是覺得鬆了一口氣。這就是放任慣性自欺欺人的後果，耽誤的時間如何回得來呢？

愛情問題，最忌諱的就是優柔寡斷，特別是對於女人來說，青春歲月匆匆就過去了，最是不能蹉跎。要懂得「見勢不對，抽身而退」，尤其是感覺對方與自己在一起靠的只是往日愛的慣性，那就更要快刀斬亂麻，因為這世界上有「慣性」，也就有「阻力」的存在，如果沒有愛情做為動力，你們的未來注定會在某一段走不下去，而且是在所有美好磨滅之後。

對愛情的風險進行評估

俗話說「人無遠慮必有近憂」，這講的其實是關於風險評估的問題。只要是正當一點的投資都會有一個風險評估，如果風險太大，那麼這項投資就有可能被放棄。如果人在戀愛之前也能做出這樣的評估，可能就能避免許多愛情悲劇。

愛情不能只是跟著感覺走，因為感覺有的時候是會騙人的。

阿俊和小琳是一對表兄妹，他們從小就是青梅竹馬，感情非常好。長大後，他們偷偷跑到其他縣市生活在一起。他們覺得愛情能讓他們克服一切困難，結果，生了三個孩子，兩個孩子的智力都不健全。然後他們的餘生都在辛苦的賺錢和照顧小孩中度過，連說後悔的力氣都沒有了。

這就是他們對風險的評估不足，事後又沒有實施補救措施的結果。

其實，做任何事情都是有風險的，只看這個風險你是不是能承擔，又值不值得承擔。選擇條件好的男人，就可能會失去一點點安全感；選擇跟單親媽媽長大的男人，就可能要面對難搞的婆媳關係；找性格強硬的男人，可能就會失去很多選擇的權力。這世上的事情就是如此，不能用純粹的好與不好去界定，還要結合你自己的狀況，才能做出正確的決定。

無論如何，我們要提前想到將要面臨的困難和挑戰，而不是事到臨頭才在怨天尤人。最大限度地計算出將要面臨的風險，想好應對的方法，才能在困難來臨時以最快的速度化解。

不要被愛情衝昏了頭腦，決定和誰在一起，就要在接受他的優點的同時，想好怎麼面對他的缺點。這樣你們愛情的小船才能更承受得起風浪。

如果發現對方是一個你根本不了解的人，那在無法進行風險評估的情況下，就不要開始一段感情。很多女人變成小三，一開始不是情願的，而是根本就不知道對方是有婦之夫，等到知道了，卻已經深陷泥沼了，這就是輕視風險評估的惡果。捉摸不定的男人，也屬於不可評估的情況，請相信我，神祕感很強的男人，不一定都是因為有一段不堪回首的過去，也可能只是他吸引女人的手段，或者是你根本不夠資格讓他坦誠，這種不可評估類型，也需慎重交往。

另外，你們愛情的風險，不一定來自對方，也要把自己的因素考慮進去，這一點是很多人都容易忽略的。大家都習慣從對方身上找原因，其實從自己身上尋找你們未來的絆腳石才是更重要的。像是家庭因素，初次見家長的時候，你可能想了很多方法來「對付」他的家長，卻完全沒想到原來他的家長很和藹，反而是你的家長嫌棄對方的經濟條件差。因為你的家長在你的眼中是非常平易近人的，他們對你非常好、言聽計從，但是你有沒有想過，這都是因為面對的是你。對自己的孩子，大多數家長都是溫柔的。因此，你就錯估了風險，沒有提前做好準備。

對風險進行評估，然後應對問題，說起來簡單，但是如果有感情問題夾雜其中，事情就沒那麼容易了。投資的話，風險太大我們可以不投資，愛情呢？很多人即使知道前面是萬丈懸崖也要堅定不移地走下去，我們只能敬佩這些人的勇氣，也可以欣賞他們為愛犧牲的精神。但是，如果在陷進去之前就能好好地評估風險，以便對負面結果有心理準備，或是乾脆知難而退，豈不是更好？

這也是前面所說的，人不能太過放縱自己的感情的原因，如果什麼都不想、不管，不了解對方就開始一段感情，到知道事不可為的時候卻又欲罷不能，受傷害的就不只是對方，自己也會深陷其中。

如果真的在評估後發現這段感情的風險過大，就一定要有壯士斷腕、斷尾求生的果斷和勇氣，拖拖拉拉不肯結束，會讓雙方都受到更大的傷害。

失戀是戀愛之「母」

愛情開始的時候，我們都期望著「就是他」，但是世事又豈能盡如人意，我們只能是期待美好的未來，但我們不能保證它。然而即使失敗了，我們也只要告訴自己「失戀是戀愛之母」，然後擦乾眼淚，笑著面對未來。

小時候朋友不跟自己玩，可能就覺得是很嚴重的事，現在回想起來，只是覺得自己可笑又可愛。其實世事就是那樣，當初覺得是多麼大的困難，但是當你跨過去之後，回想起來就會覺得事情其實沒有自己想像的嚴重，這世上哪有跨不過去的坎呢？根本沒有！

一段感情走到盡頭，有時候也說不清誰對誰錯。但是能肯定的是，不管失去誰，日子都要過下去，也能過下去。你也許永遠都不知道自己有多堅強，你也永遠都不知道時間這種「清潔劑」，它的「去漬」能力有多強。

當周圍朋友因為戀情不順而悲傷的時候，筆者都會略為調侃地勸說：「想想非洲的小朋友，他們可能從小就沒有什麼享受愛情的機會，整天只想著食物還得不到耶，你應該知足一點。」當時對方可能覺得我冷血，可能覺得我安慰得牛頭不對馬嘴。但是仔細想來，身為一般人，沒有天生殘疾、沒有生在饑荒的地方，有健康的身體，我們實在是沒什麼好抱怨，況且不就是失戀嗎，誰一輩子不失戀？所以 gameover 的時候，傷感是必然的，但是不要過度悲傷，更不需要要死要活的。折磨自己愛也回不來，而且也不見得有誰會真正心疼你，哭給誰看？

把分手和失戀當做人生中的必經之旅，以平常心去看待它，不要放任自己沉溺於悲傷。因為人生很長，還有很多美好的風景等著你去欣賞；人生也很短，短得轉瞬即逝，短到人不該把時間浪費在悲傷上面。我見到過因為失戀，關掉手機跑到山裡散心，結果沒趕上見到自己父親最後一面的人是有多麼後悔；我也見過因為失戀精神恍惚而失去升職機會的人，事後嘲笑自己超白痴。不要失戀了就好像失去了全世界，失去了這個人不代表世界上所有人都欠你。天空是多麼廣闊，不要讓這一小片陰霾就擋住你整片天空。

失戀了，也不要把自己的心關起來。有的人一失戀，就覺得世界全都是灰暗的，不願意去接觸外面的世界，把自己關起來，即使是親人朋友也都不理會。這樣的做法顯然是不對的，一個人待著胡思亂想，回想著從前的悲喜，只會越來越傷心、越來越絕望。而且這樣也減少了自己重新開始一段新戀情的機會，你只要想想，分手了，對方會為你守身如玉嗎？當然不會！那你憑什麼要放棄再次獲得幸福的機會呢？

分手了，也不要忘記工作中的專業態度，公私分明是一個人最基本的職業道德，在我們正值壯年的時候，也許不是一直在戀愛，但大多時候都是在工作，情場失意了，總不能把工作也丟了吧，人還是應該要實際一點，生存下去最重要。

單身也不要自暴自棄，有些人分手了，為了表現出自己還有「市場」會很快就接受另一個追求者，這樣的行為是很不明智的。因為已經受到感情傷害了，如果再倉促地接受一段感情，很容易因為自己的不慎重而受到二次傷害。所以，分手之後，應該把自己的狀態調整好，讓自己在平穩的心境下迎接下一段感情。

傷心也不要總抱怨。分手之後，可以大哭、可以和好友抱怨，甚至喝醉酒、發酒瘋都可以，但是，不要老是哀怨這一次的失敗。即使你受的傷害再值得別人同情，一說再說還是會讓人覺得厭煩，不要老是抱怨，不要把自己變成很可悲的人。

人需要學會「化悲憤為力量」，堅信下一個人會更好，要告訴自己：幸虧我現在就發現他的真面目，否則和這樣的人過一輩子難道不是我的損失嗎?失戀之後，最重要的是從失敗的戀情中吸取教訓，找出自己的缺點，看自己是眼光不行，還是不應該太過驕傲，總之要讓自己的失戀和傷心變得有意義。

在失敗中尋找成功的契機，人生的樂趣和意義不也正在於此嗎?

第8章
最高境界不是兩個變一個

「你好，我好，大家好」這是很多人處理事情想要達到的境界，「雙贏」更是近年來經常被大家提到的話題。在愛情的世界裡，想到達「雙贏」的境界，就一定要了解到戀愛心理學中的平衡原理，找到一個平衡點，為自己的愛情營造一種平衡，這就是許多人的愛情能夠長長久久的法寶。

小心「兩年之癢」

大家都知道婚姻有七年之癢的說法，而愛情則只有兩年的「有效期限」。普通人能保持的戀愛狀態，最長不超過兩年，再交往下去，戀情就會慢慢變成類似於親情的依賴和相互關心。對於大多數人來說，除了熱戀期以外，要怎麼維持一段穩固的感情，是一個值得注意的問題。如果可以的話，每個女人都願意談一輩子戀愛，因為每個女人都願意一輩子被寵愛。但是，對於很多男人來講，戀愛只是他們得到女人的一種手段。

女人要的是愛情本身，而男人想要的卻是得到女人，這本身就是一個矛盾。熱戀的時候，女人撒嬌、耍脾氣叫可愛，時間久了，如果還是都這樣，就會被視為不懂事。所以，想要兩人世界長長久久，就不能用一成不變的態度去對待這份感情。

佳琪是個有點嬌生慣養的女孩，家世很好，長得也嬌小可愛，而且家事一律都不會。家裡怕她辛苦，千挑萬選了一個鄉下生身的男孩子柏峰，人老實也願意做家事。佳琪打從心底有點看不起他，但是她也知道自己的缺點，就半推半就地接受了柏峰的追求。柏峰一開始還偷偷竊喜，女朋友不僅漂亮，還能讓自己少奮鬥十年，這簡直就是天上掉下來的好事，連家人也叫他好好珍惜機會。

不過他對佳琪真的非常好，只有一點問題，那就是佳琪確實有恃寵而驕的感覺，不會給柏峰留面子，一點小事就吵著要分手，每次都要男友認錯道歉。時間一久，柏峰的心裡也開始有了不滿。他靠女友家的人脈開始積極地發展自己的事業，有點成就之後，也學會了打扮自己，這樣一看，還是流行的型男一枚。佳琪對他越來越滿意，有時候還會有點危機意識，不過她有一點沒改變，還是很任性，經常讓柏峰下不了臺，明明是自己的錯，卻依舊用分手來要脅男友向自己妥協。

終於有一天，佳琪再說分手的時候，等來的不是男友的討好，而是一句：「好啊，分就分。」佳琪還以為自己是在做夢，但沒幾天，就看見前男友和別的女人走在路上了。

佳琪和家人確實做了一場虧本的買賣，柏峰的翻臉不認人確實有錯，但佳琪也不是完全無辜。再怎麼有求於你的男人，也不願意一輩子居於人下、忍氣吞聲過日子。還有一點，也是最重要的一點，她不明白有句話叫做「此一時，彼一時」，了解事情每分每秒都在變化，再根據變化來調整自己的策略，這是與人相處時的最基本也是很必要的規則。

愛情的有效期限只有短短兩年，如果在這兩年裡你還沒有辦法了解你的戀人，並根據自己掌握的情況來調整自己對戀人的態度，那麼可以說你在這場戀愛中是失敗的。

兩年，很多人都認為這是從戀愛到結婚的最佳期限，而不是戀愛談得越久越好，其實有許多情侶一談就是五、六年七、八年，結果還是以分手告終，就是因為經過這麼長的時間，愛情已經漸漸消失了，只是當事人還不願意承認，或是沒有意識到而已。所以，如果交往兩年了，就應該考慮一下這段感情的出路了。當然，視個人的理想不同，可以有不同的考慮。

大部分人應該會考慮結婚，如果交往兩年，他還沒有考慮你們的未來，那你就要重新審視你們的這段感情了。很多男人都會拿經濟基礎不夠穩定當作藉口。但是，如果說你身為女方都表示不介意這些外在條件，男方還在猶豫，你就要小心了。請不要把他的花言巧語放在心上，因為你們很快就要到感情倦怠期了。兩年，這是一道關卡，你們很可能衝不過去，即使是衝過去了，也可能要面臨無休止的等待，難道要等到你人老珠黃嗎？

在交往兩年的時候，你不僅要考慮結婚的問題，還要考慮如何維持感情，因為我們說的倦怠期有時候不是人為的，不是誰故意要冷落誰，而是一種戀情發展的必經階段，就像更年期，誰都不想要，但它就是到了。

這個時候，女人不能光抱怨這個男友失去了以前的熱情，無理取鬧只能讓他更快地遠離你，轉而去尋找新的刺激。這個時候，女人需要利用你們戀情的慣性，讓他感覺到你能帶給他的溫馨、體諒。

男人的承諾通常只能打六折

這個世界上，真正能做到言出必行的人很少。即使是「抱柱而死」的尾生，也只有在他死的時候是信守承諾的，其他時候我們無從得知。因為遵守一次諾言是很簡單的，次次都遵守真的很難。回想起我們自己的人生，你能不能大聲地說出來：我言出必行！

最真誠的承諾不過就是將一時的情緒脫口而出，就像我們盯著身上的肥肉大叫著「我要減肥！」，這是對自己的承諾，可能事後有一點點行動，久了就拋在腦後了。真正能減掉的，不是因為不得不減肥（例如太胖了找不到工作），就是因為身體原因（例如病了）。對自己的承諾尚且如此，更何況是對別人？而且這還是最真心的一種承諾，濃情蜜意時男人的承諾也算這一種。即使是這種最「真心」的承諾，也只是當時是真的罷了，更何況還有那些為了敷衍而說的承諾或是我們求來的承諾，完全不敢想像這些承諾到底有多少真心。

從古至今，有多少女人錯就錯在把男人的承諾聽進耳裡、放在心上。陳阿嬌在長門宮的時候，或許就沒有期盼漢武帝能一直記得「金屋藏嬌」的誓言，可是言猶在耳，就因為太相信對方的誓言了，即使是在衛子夫進宮後還不知道要收斂本性，為自己謀算；杜十娘要不是因為聽信了李甲的甜言蜜語，最後會身懷重寶卻葬身河底嗎；楊玉環受到萬千寵愛，最後唐明皇為了保命，還不是一樣捨棄了她，那當初兩情繾綣時，君王的承諾還會少嗎；時代背景改變了的現代，不也有男人藉著結婚連續詐騙十幾位女性錢財的事情嗎？

不要對戀人的承諾抱太大希望，因為希望越大，失望也就越大。

明明知道世上最不該相信的就是男人那張嘴，卻還是傻傻受騙，愛聽甜言蜜語這是女人的天性，也是女人最大的弱點，就像即使知道是必死，飛蛾也還是改不掉撲火的天性，女人也總是會掉進男人的甜蜜陷阱中不能自拔。

女人們，該學著用頭腦而不是用耳朵來分辨周圍的事物了。對恭維的話保持一定的戒心是有必要的，好話誰都愛聽，但是聽聽就過去了，不要輕易被誰誰幾句好話就哄得心花怒放、毫無戒心。

只有一個女人學會透過看對方做了什麼而不是聽對方說了什麼來判斷一個人的好壞，才代表這個女人已經開始成熟，這也是判斷一個男人好壞的標準——看他的行動而不單單是言與。

不要對男人的承諾抱太高的期望，前面我們也解釋了承諾是怎麼一回事，自己對自己的承諾可能只是一時衝動，何況是別人對自己的。正確對待他人的承諾的方式，就是他說了你順便聽，當下感動一下，然後忘掉它。只有愚蠢的女人才會把男人的承諾放在心裡，白紙黑字簽合約的都可以違約了，嘴巴說說的事情也只有傻女人才會不斷記得。

本來你如果不一直說，記憶還能停留在溫馨的回憶，但如果你把「你答應我的，要怎樣怎樣」這樣的話掛在嘴邊，就變成你拿他的話威脅他，一次兩次沒關係，次數多了，不但不能改變他現在的行為，還會把當初的美好感覺全部消磨掉，令男人後悔自己曾許下這樣的承諾。說了又做不到還被揭發的難堪會讓他惱羞成怒，就像金屋藏嬌的故事一樣，這樣說了，你還會想抓住他當初的諾言不放嗎？

愚蠢的女人抓住過去不放，最後卻會連這點過去都抓不住；聰明的女人看重未來，重點不是他過去承諾了什麼，而是未來他會給你帶來什麼。

✦試探是愛情的大忌

戀愛中最痛苦的事情是什麼？那就是因為某些原因不信任對方，卻又因為害怕失去或是害怕只是自己胡思亂想而被對方責怪，就只能不斷地試探對方。

這個時候，不管是試探人的一方，還是被試探的一方都會很痛苦。懷疑的那方，會因為懷疑覺得對方什麼行為都像變心了，和一個異性說句話都可能代表「有姦情」。整天胡思亂想一定很痛苦，因為這樣，情緒裡的不安、焦慮、易怒，對方會成為懷疑者發洩的目標，整天被挖苦，還有承受對方莫名其妙的壞脾氣，最重要的是還不知道自己錯在哪裡。

如果一直這樣下去，對方一天兩天還可以忍耐，但如果不斷被試探，最後肯定會在沉默中爆發，爭吵發生，一定會影響兩人的感情，可以說，愛情是經不起試探的。

所謂「疑心生暗鬼」，很多時候本來沒有什麼事，但是因為懷疑，兩人之間就會問題叢生。就好像疑人偷斧，明明是斧頭掉進洞裡，可是懷疑是鄰居偷了斧頭，所以看鄰居做什麼事都像是小偷，任何眼神都透露著可疑。這是人的一種通病，總覺得應該相信自己的直覺和判斷而看不見真相。

講到這裡，不能不提到人的反向心理。不要試探人和反向心理到底有什麼關係呢？如果你的語言能力普通的話，只要試探，都會流露出懷疑的感覺，如果對方心裡有鬼，他當然會心虛，但是如果他心裡沒有鬼的話，你不斷試探就會引起對方的反向心理。不要以為反向心理只有青春期小孩才會，只要是人都會有那種既然你懷疑我那我也不能白白受委屈，我應該要做點什麼讓你生氣以便發洩的心理，只不過有的人比較不會壓制，會實際行動，而有的人只是想想罷了。不管是哪種，都有可能產生一些讓雙方不高興的事，嚴重的時候，還會讓本來沒問題的兩人被別人乘虛而入。

貌美如花的小喬自從發現眼角的魚尾紋之後，就覺得似乎與老公之間的關係也進入「中年危機」了。

想想老公現在也算事業有成，身材又保持得不錯，怎麼看都覺得他是中年型男的代表，反觀自己，35 歲的女人保養得再好，也比不了年輕少女了。更何況聽說現在有好多女孩都想找年紀大一點又有經濟能力的男人。也有很多女孩並不在乎對方有沒有結婚。

這樣一想，小喬開始對老公的行為變得疑神疑鬼。老公回來得晚一點，她就旁敲側擊說老公故意晚回來，老公公司有新人，她又說新來的女孩子應該很漂亮吧？什麼時候可以去看看她？老公覺得自己老婆怪裡怪氣的，難道是更年期提前到了？他也不敢說，怕刺激老婆。

有一天，老公竟然說要帶公司的人回家吃飯，其中竟然有一個是女的！完了，年輕女孩都登堂入室了，下一次是不是要把自己擠出去？

等到請客當天，她好好打扮了一下，又煮了很多菜，決定要給對方一個大大的下馬威。吃飯的時候，她一直誇獎女孩子年輕漂亮，自己看了都很喜歡，還要幫她介紹男朋友。老公看她真的是有點怪怪的，偷偷拉了她的袖子。這下她感覺到老公似乎是不想要女孩交男朋友，這不就代表他有其他想法了嗎？

後來，她更用各種方法打聽那個女孩的事情，對老公依然怪裡怪氣的，甚至還學會了去老公的公司查勤。老公一個大男人覺得老婆奇怪還一直忍受，但是女孩子感覺到了奇怪。她約小喬吃飯，小喬想著完了、攤牌了。結果去的時候女孩子還帶了一個男的，上次在家吃飯的時候他也在場。女孩大方介紹這是自己男友，只是公司忌諱辦公室戀情所以兩人沒有公開。小喬臉都紅了，正好這天有個和公司有來往的客戶在隔壁桌吃飯，這些內容就傳到小喬的老公耳朵裡，氣得她老公吵著要跟她分居，搬到飯店裡住了兩個月，才被小喬連哄帶騙勸回家，並且保證以後有事直說，不會再鬧事了。

你在這裡亂試探，除了讓對方覺得你奇怪之外，任何作用都沒有。有力氣猜疑，不如花時間做一些促進感情的事，你們的感情堅固了，什麼人都無法介入，自然也不需要你再對你們的感情持懷疑態度了。

✦把愛當占有，只會失去更多

每個人都希望戀人的心裡滿滿的都是自己，但這僅僅是在愛情的領域，如果以愛情的名義讓對方放棄所有，這就是不合理的了。每個人都有占有欲，因為人都是貪婪的，可是人不可以放縱自己的貪婪去傷害別人。

簡單來說，人除了有愛情之外，家人、朋友和工作也是生命中的重要部分，沒有人有權力單憑一個愛字，就讓對方放棄這些生命中另外的美好，要得太多，最後可能會失去更多。

人都是獨立存在的個體，會思考、會選擇，沒有人願意當別人手中的魁儡，即使再深愛，人也不可能為了愛情完全放棄自己。所以，人在自己的領域被侵占，底線被碰觸的時候才會激烈地反應。

確實，相愛的兩個人需要互相磨合，學會相互體諒和遷就才能夠長久相處。請注意，這樣的讓步是相互的，所以不要總說「如果你愛我，就要怎樣怎樣」。愛情不可以成為你擴張自己權力的理由，愛情可以潛移默化改變相愛的雙方，使兩人在生活習慣上更加相似，相互更加了解對方的心意，但絕不是一方把另一方塑造成自己想要的樣子。愛情是需要達到一種平衡的，如果一方的占有欲太強，把對方管太緊，這個平衡就會被打破，愛情也就會不再穩固。

事業型女人小娟，遇到心目中的白馬王子——子均，他們在一場商業會議中相遇，各自是自己公司在這次談判中的主要負責人，兩人勢均力敵，最後生意談成了，兩人成了不打不相識的朋友。再來，兩人開始交往，子均是典型的溫文儒雅的菁英，做起事來不迷糊，個性的鋒芒和斯文的外表構成他獨特的魅力。小娟也不差，兩人可以說是非常速配，玩也能一起，處理事情兩人也很有默契。

很快，這對「最佳情侶」步入婚姻的殿堂，說好要先顧事業，兩人決定晚一點再生小孩，可是誰會想到避孕藥沒有用，小娟懷孕了，在子均的懇求和家人的輪番勸慰下，小娟勉強答應生下孩子。公司主管委婉地要求小娟辭職，小娟相信自己的實力，辭職在家待產。

在小孩斷奶後，小娟開始考慮重新找工作的事情，子均總是勸她再休息一下，找工作的事情不急，他又不是養不起整個家。但是小娟沒辦法待在家裡，她一定要馬上找工作，子均也沒再說什麼，但是，小娟找新工作的事情很不順利，不是人家提供的職位她看不上，就是她看上的職缺投了履歷卻音信全無。小娟很失落，但是可愛的兒子還有總在一旁鼓勵她的老公總能讓她感到安慰。

如果不是某天，她發現有人動過自己傳郵件的紀錄的話，她也不會在觀察中發現，原來自己找不到喜歡的工作是因為自己傳給目標公司的履歷其實都被一個木馬系統攔截了，還有避孕藥也是被換過的。回去以前的公司打聽，原來公司原本沒有打算辭退休產假的員工。

這一切的始作俑者，就是自己最愛的老公子均，因為子均是個觀念傳統又大男人主義的人，他雖然很愛小娟，但是很不喜歡自己的老婆出去「拋頭露面」，他知道小娟不容易被說服，他只能一步步用他的計畫讓小娟做他聽話的妻子。

知道這一切的小娟真的對子均失望透頂，她不顧年幼的孩子和子均的懺悔、挽留，堅決離了婚。「我是愛你，但是我也熱愛我的工作，而且你用這樣的手段和把我直接關在監獄有什麼區別？你對我所做的，那不是愛，而是控制，我不能接受這樣的婚姻。」

即使手段再厲害，事情做得再漂亮，也不能有控制自己愛人的心，因為對方不是傀倆，如果你們的一切都變成你在主導、你在做主，這一段感情又有什麼意思？而且重要的是，哪裡有壓迫，哪裡就有反抗，自己的領地遭到「侵略」，一次兩次，或是事情比較小，對方因為愛你，可能會選擇忍受，但是一旦你因此得寸進尺，不斷要求更多的控制權，對方總有一天會選擇「奮起反抗」。而且，這個人忍受得越多，一旦反彈，反應也就越激烈。

如果你珍惜你們之間的感情，就不要以愛為名，去要求那些不該屬於自己的權力，更不要想著控制對方，那樣做的後果，只會把對方嚇跑。

愛情無勝負，不必爭輸贏

瑤瑤發現最近老公有點不對勁，做事情總是心不在焉，還常常跑到廁所接電話。瑤瑤知道，這是婚姻亮起紅燈的徵兆。當然，以瑤瑤對老公的了解來看，他還沒來得及做出什麼對不起自己的事情，但是有點動搖是一定的。

瑤瑤沒有急著審問老公或是找人打聽這件事情，只是暗暗注意老公的行動。直到有一天，天氣很冷，老公打電話回來，說等等有應酬，可能會很晚回家或者不回家了，在說「或者」的時候，老公有瞬間的猶豫，瑤瑤只「順便」問了應酬的地點，然後就掛了電話。

那天，正好塞車，老公把車子開進地下停車場，從後座迎接自己的新祕書的時候，看到自己的老婆坐在不遠處的臺階上。老公滿臉驚愕，已經做好了和瑤瑤大吵一架的準備。

瑤瑤走過來，笑了笑，從袋子裡掏出厚外套和圍巾：「我看今天很冷，怕你晚上出來冷到，幫你拿了衣服來。還有，我有煮湯，在保溫杯裡，你趁熱喝一點，不然等一下喝酒會傷胃。這個是你的同事吧？要不要也喝一些？」

當散發著香氣和熱氣的湯進入老公和祕書的乾涸的胃袋的時候，老公突然覺得老婆在風中浮動的頭髮還是散發著從前讓自己心動的清香；而祕書心裡想的是，這是一個自己也許這輩子都無法超越的女人，她覺得自己應該考慮一下是不是答應那個一直追求自己的追求者，也做一個讓人覺得溫暖的好妻子。

那晚，老公沒有多久就回來了，戴著她送去的圍巾不願意拿下來。後來他們的生活甜蜜得簡直像回到新婚。祕書沒多久傳來了婚訊，婚宴上，祕書說自己一定當好一個「間諜」，幫瑤瑤「看管」好她的老公。

比起很多女人的「魚死網破」的作風，不得不說瑤瑤是真正的高手。也許，瑤瑤真的去「捉姦在床」也能打敗老公，讓她的老公向她賠禮道歉，可以讓勾搭別人老公的祕書身敗名裂。但是，這樣的一時意氣、一時痛快，換來的會是什麼呢？也許只是把老公越推越遠，原來只是想逢場作戲的男人，真的就覺得自己的老婆已經變成了潑婦，而這次的爭吵也會成為夫妻之間永遠的裂痕。

大多數人就是為了爭一口氣而輸掉所有，你要想想自己要的是什麼？愛情當中，大家要的是愛而不是輸贏。所以，即使你非常生氣，也不要被怒火燒掉你的初衷，把追根究柢、得理不饒人的做事方式收起來，即使是小三危機都可以兵不血刃解決，更何況是生活中的小糾紛、小爭執呢？

現在很多女人都習慣被寵，最喜歡說「我就是不講理，怎樣？」但是你要明白，在男人追求女人的時候，他們通常都比較能容忍，但他們不會一直這樣。再溫柔的男人畢竟也是男人，他不可能永遠容忍，任你把他的面子踩在腳下。所以，隨著交往的深入，女人要慢慢學會了解對方，學會體諒和容忍，如果你想和他共度一生，就該明白，有的時候、有的事情，不是一定要分個高下才能解決。

女人要學會利用自己的天賦，學會以柔克剛，遇到尖銳的爭執，懂得用迂迴的方法去解決，為了你們的未來，要多動腦、少生氣。你要記得大吵大鬧就是把自己的男人越推越遠，同時還會把你在他心目中的形象往蠻不講理的方向推。不要覺得不甘心，因為這樣做最終你會得到自己想要的幸福。

有一個笑話，一個酒鬼總是因為喝酒晚歸，有一天回家的時候忘記帶鑰匙，怎麼敲門老婆都不開門，只好在家門口睡覺，第二天早上老婆開門的時候見到他，滿臉驚慌說：「你怎麼現在才回來，昨天晚上有人來騷擾我！」酒鬼說：「那是我呀。」老婆說：「那太好了，前天和大前天也一定是你，這樣我就不用提心吊膽了。」從那之後，酒鬼再也沒有晚歸過。

大家都說生活是一門藝術，怎樣運用這門藝術各人有各人的方式，但這方法絕不會是無止境的爭吵，因為誰都不喜歡爭吵，越吵越傷感情，最後的結局可能只剩下分手。

優質的愛情講究的是平衡而非融合

買東西的時候要選對的不選貴的，挑選男朋友也需要這樣，找到自己的那個對的人，這可是人生的一個重大問題。

為什麼說要選對的而不是貴的，因為選戀人並不是要條件越優越越好，而應該選那個需要你並被你需要的人。兩人的生活需要互動，只有需要你的人才會重視你，只有被你需要的人你才會打從心底親近他，要選就選這樣的，他不僅渴求和你有來有往，還是一個讓你在關係中達到平衡的人。否則，你需要他很多，他只需要你一點，這也是不合理、不長久的關係。

你能給的恰巧是他所需要的，而他給的正好是你所需要的，遵循著這樣的標準去選人，選的不一定是最優秀的，但一定是最適合你的。如果做出了不成熟的選擇，最後不僅別人的關過不了，單單自己這關可能都過不去。

小羅的家境不太好，父母離異後又各自組了新家庭，她跟著阿公阿嬤長大，勉強混到大學畢業後，到城市裡工作。

好運的是，部門裡的一個男同事喜歡上了她。男方有房有車人也不錯，只是因為是獨生子，被要求結婚後要跟父母一起生活。這樣的條件對小羅來說算是高攀了，阿公阿嬤知道這個消息之後很高興，覺得她讓家裡很有面子，連最近很少聯絡的父母都各自打電話來關心。

其實當時，小羅還在猶豫當中，因為從小缺少父母的愛，她比較缺乏安全感，所以心裡想找成熟穩重的男人，可惜身為獨生子的成益卻有點幼稚的感覺。

但是成益是真的喜歡她，想方設法帶她去見父母，而成益的父母看在兒子喜歡、小羅又乖巧的感覺上也接納了小羅。周圍的羨慕眼光、家人的態度，讓小羅覺得自己應該要知足。但是夜深人靜的時候，她又有些悵然若失，彷彿心裡有一點點空缺沒被填滿。

在殷勤追求並交往半年後，成益迫不及待求婚了。小羅在找不到拒絕的理由後同意了，但是她變得越來越焦慮，總是忍不住對成益發火，脾氣並不是很好的成益把這看成是她婚前恐懼症的表現，也盡量讓她。用同事的話說，小羅真的是幸福得讓大家都看不下去了。

臨近結婚的日子，小羅留下了鑽戒，一個人離開了，沒有人知道她去了哪裡。半年後，成益收到小羅的電子郵件，上面寫：「遇上你是我的幸運，可是我沒有辦法欺騙你，也沒有辦法欺騙自己。我只是沒有辦法讓自己愛上你，你太好了，一場沒有愛的婚姻根本配不上你。」

有人說小羅很傻，也有人為成益感到不值，但我們卻從中看到，關係的不平衡最終導致了這場遺憾，因為成益的性格給不了小羅她最需要的安全感，所以不管兩個人怎麼努力，最終還是無法在一起。而且可以想像得到，即使他們在一起了，日子也不會多幸福。

這和雙方的條件可以說有關係也可以說沒有關係，就像現在年輕女孩嫁給有錢的老頭，你說他們之間能有多少愛情？但是他們能在一起，因為雙方的供需關係是平衡的——妻子只想要奢侈得讓人羨慕的生活，丈夫只要妻子年輕貌美、帶出去有面子。只要他們之間這種最主要的供需關係到達平衡，那他們的關係就是穩定的。一旦這種穩定被打破，比如丈夫看上了更年輕貌美的女人，或是妻子找到了更能滿足自己虛榮的男人，又或者其中之一突然找到了讓自己心靈悸動的人，他們的關係才會出現動盪。

從上述的分析可以發現，大家可以利用供需關係的理論來尋找適合的另一半，但是這種關係不是固定不變的，它會隨時變化，同時我們可以透過調整供需關係，使其達到平衡。

簡單來說，本來不是自己所認為完美的另一半，只要你願意，可以嘗試透過改變自己和改變對方，讓你們的關係達到供需平衡。例如說你喜歡的男人喜歡有氣質的女人，你可以透過一段時間的閱讀和學習知識使自己變得更有氣質；如果你喜歡身材好的男人，而你的追求者平時不注意健身，但你很滿意其他條件，你就可以明示、暗示讓對方知道你的要求並為之努力，這樣你就會得到一個各方面都令自己滿意的伴侶。

總之，做選擇之前好好地觀察一下你們之間的供需是否平衡，如果不平衡的話又是否可以透過努力改變現狀。

第9章

婚姻是愛情博弈的全新旅程

對於愛情的完成時態——婚姻，人們通常都認為這需要更多更有效的方法來鞏固它。因為一般來說，婚姻比愛情更複雜，其中包含了更多種類的影響因素。家庭責任、經濟條件、情感問題，種種問題的交織，需要我們付出更多的耐心和勇氣去面對。所以婚姻中的相互關係，絕對需要在處理的時候更加謹慎和小心。

婚姻是愛情博弈的升級版本

如果說愛情是一場感情與現實生活的博弈，你真的以為結婚了，這場博弈就結束了，從此之後你就可以高枕無憂享受甜蜜的婚姻生活了嗎？錯，婚姻是愛情博弈的升級版本，婚姻也是需要努力經營才能讓夫妻關係穩固、生活順遂的。

一場婚姻我們需要面對很多問題：怎麼保持配偶對婚姻的忠貞、怎麼營造夫妻生活情趣、怎樣處理好婆媳關係、怎樣教導下一代……一結了婚，問題接踵而至。

婚姻中的男女，既是要共度一生的夥伴，也是特殊的「對手」，婚姻需要付出，但是不講究方式的付出，就像是亂撒網，費了半天力氣，也撈不到魚。婚姻中，男人和女人都在爭奪自己的權力——話語權、經濟能力、掌控權。失去這些權力，意味著你會淪為空氣、一個免費的傭人，大家會下意識地忽略你，你會更容易被傷害。

很多在中年被拋棄的女人，她們都是婚姻中默默付出的人，而且大部分是全職主婦。為什麼會這樣?可以讓女主人放心在家操持家務的家庭，經濟基礎都還不錯，不在乎女人這一點收入，也就是說男主人是家庭收入的主要來源。在新婚時期，男人可以說真心實意心疼自己的老婆，不希望她為一點點錢而奔波，然後女人留在家中，漸漸與社會脫節，失去競爭力，也漸漸失去青春。這時候的男人如果受到外界的誘惑，再看家裡已經不再年輕，又因家庭瑣事而變得嘮叨的妻子，那絕對越來越比不上外面的「風景」。

而且，資深家庭主婦自己沒什麼收入，工作能力也已經退化，這使她不得不抓緊自己的男人，這樣的現狀使女人陷入兩種極端情況：一種是因為缺乏安全感而變得疑神疑鬼；另一種是對自己丈夫的一些「越軌」行為「睜一隻眼，閉一隻眼」讓男人變得更加肆無忌憚。這就是喪失經濟能力，進一步失去話語權和掌控權的結果。

反過來說，人到中年，有一定經濟能力的男人，是很多女人的目標，兩者加起來，中年家庭主婦的困境是可想而知了。

當然，以上這些情況並不普遍，但也一定程度的反映了在婚姻博弈場上失去先機的後果。

高職畢業的何麗玲，曾經在一次訪談中提到：「我很小就明白，美貌和理財是女人一生最重要的事。」她說起她的祖母告訴她的話：「女人讀書成績差一點沒關係，但是一定要懂得理財。」

在她八歲的時候，祖母就開始訓練她的理財觀，丟給她一本記帳本，教她如何記帳。帳本裡有200多個互助會名單。這個國小二年級的小女生，開始跨出理財的第一步。

何麗玲也說過一句發人深省的話：「女人能年輕多久？可以無憂無慮多久？身為依賴成性的女性，有時候我們該思考，如果有一天發生意外，我有沒有能力自給自足？總有一天我們必須靠自己想辦法過日子，只有自己才能保障自己的未來。」

在婚姻中保有一定的經濟能力、話語權和掌控權，是維護婚姻的重要關鍵。不要變成應聲蟲也不要過於「一言九鼎」，唯唯諾諾使自己總處在弱勢的狀態，有的時候固然能引起對方的保護欲，但也會同時失去對家庭事務提出意見的權力。婚姻雙方應該是對等的關係，否則，有你和沒有你都一樣了，還會有你的「好日子」嗎？你可以不行使你的掌控權，但絕不等於放棄掌控權。

而話語權方面，你要秉持一個原則：「如果你說了太多無價值的話，別人就會忽略你話中的所有價值」。你可以想像，一個經常對你嘮叨的人，你會仔細分析他說出口的內容還是會選擇性忽略？想要獲得話語權，少說話，一旦開口就盡量保證這些話有價值就好了。

一定要把握家庭的財務狀況，經濟基礎決定上層建築，身為家庭的主要收入來源的人都會永保自己重要的存在感，沒有意識到這點的女人是會吃虧的。一般情況下，男人都會給妻子財產保管權（不論是否出於真心），但是有許多女人沉浸於愛情，「俗物」會讓女人覺得麻煩，久而久之，家裡的財務成了男人的事，人家說什麼自己信什麼，到時候他把錢花在別的女人身上，妻子也不容易發現。

還有一種情況是女人放棄了經濟獨立性，認為夫妻雙方所有的收入都是家庭收入，反正通常都是男人的收入比較高。但是，事實證明，存私房錢是有必要的，至少，遭到「不平等對待」的時候，離家出走也比較有本錢（當然，有了問題要想辦法解決，個人並不提倡這樣的「表達意見」的方式）。

再「大」的小姐也逃不掉婚姻的責任

戀愛與婚姻，本質其實就是一個平衡遊戲，戀愛是找尋平衡的過程，而婚姻是用一個法律契約保護這個平衡。

婚姻關係是一種契約關係，它是基於倫理、責任而產生的，現代人覺得兩個人有愛就足以結婚，其實遠遠不止於此。不是說情感不重要，但倫理是連繫情感、強化情感不可缺少的因素，而能承擔起屬於自己的責任，是維持婚姻長久的均衡點。

對於一對志同道合的夫婦來說，他們需要一如既往地用心靈、用智慧、用雙手，去創造新的生活。如何經營好自己得之不易的婚姻，讓它枝繁葉茂，而不是日漸乾枯，最關鍵的就在於對婚姻擔起責任，賦予它生命。

在愛河裡漂了很久的情侶，總想找個靠岸的地方。家是愛情的停泊地，是一種穩定的象徵，為了這個停泊地，婚後幾十年的夫妻，不僅在遇到困難，累得氣喘如牛或痛苦不堪的時候想到它，即使在風平浪靜的日子裡，仍然時時對它牽腸掛肚，為它而魂牽夢繞，除了需要夫妻雙方都具備高尚的道德品行，增強對家庭的責任感之外，最好的辦法就是加深夫妻間的愛，盡一切可能，讓婚後的生活依然沉浸於愛情的氛圍中，讓對方每天仍會有新的期待和新的滿足。並且不斷地提升自己，以自己新的成就、新的風采去吸引對方，不斷征服對方那顆已經屬於自己的心。

這樣的表現和行為，如果沒有為這個婚姻承擔責任的勇氣，是做不到的。

我們總說婚姻需要經營，這個經營不是多說兩句噓寒問暖的話，回家時遞上一杯熱茶、一碗熱湯，冷的時候蓋上一件暖被就足夠。這樣說實在是低估了婚姻對心力和體力的需要，婚姻既是避風港，也是結婚雙方的較量。這樣說來好恐怖，但這是事實，這種較量就是對待婚姻的態度和責任。

感情基礎深厚的婚姻固然是美好的、令人稱羨的，也是我們孜孜不倦所追求的，但是就像童話一樣，我們喜愛童話是因為它帶來希望，而絕不是讓我們活在童話裡面。這樣美好的婚姻也是希望所在，讓我們即使有數次婚姻瓦解的經歷也對人生充滿希望，即使人到中年也相信總有那麼一個人會在某個角落和我相遇，我只需要繼續昂首闊步、自信勇敢地走下去，即使到了老年也相信皺紋間散發著一種美麗和魅力。這才是有責任的人生。

要經營好自己的婚姻，應該要做到心胸寬廣、豁達，有關心和愛護他人的情懷。個人的選擇需要在不違反社會秩序的框架之內進行。情感固然重要，但不應該是唯一的標準，應該受一些約束，而且要承擔責任。不能今天選一個，明天不喜歡了又換一個。這就需要透過禮俗來教化每一個人，所謂禮俗，也可以看成一個社會的共識，共同的道德、倫理，一旦有人破壞，就會受到社會的排斥、不信任等。透過這種方式，讓人們記住自己的責任，抑制一時的情感或者欲望，最終做出負責任的選擇，不能光想自己，光看當下的事，也要考慮別人、考慮長久發展。嚴於律己，承擔屬於自己的責任。

過去幾十年，因為觀念的誤導，人們大大忽視了倫理在婚姻中的重要性，而把情感放在最高位置。近年來，同樣也是由觀念問題，金錢、物質條件占據至關重要的位置。其實這些都是誤解，即便在西方社會，婚姻也並非如此，大多數西方國家都有宗教傳統，婚姻是在神的見證下建立的契約關係，雙方的責任感非常強。

簡單說好和壞都不恰當，應該要看到它的本質。傳統社會中所謂的父母之命、媒妁之言，一方面展現了古人對於婚姻關係的重視，認為婚姻關係是家庭關係中最重要的一環，所以用種種嚴格甚至刻板的規矩去約束它，甚至認為，年輕人血氣方剛，容易被情緒所左右，需要成年人、長輩來選擇，表現出人們對於婚姻的慎重態度。當然，另一方面，它也確實過分強調倫理責任的一面，忽略了情感的一面，這是不可否認的，也是需要修正和改變的。總之，對自己的言行負責，是經營婚姻的基礎。

締結婚姻，是穩定社會的重要環節，在它身上寄託著人們的世俗理想，是現實感、責任感的源頭。當婚姻這座最後的聖殿也發生動盪時，我們的內心該如何安放？當一個時代，讓我們不再相信愛，這就需要我們進行發自內心反省與思考。

想要婚姻能夠穩定長久，走進婚姻的男女都要對辛苦建立起的家負起自己的那份責任。其實所謂婚姻中愛情的較量，也就是責任的博弈，夫妻雙方都要對家庭付出，理解對方的困難，尊重對方。就像電視劇的臺詞說的：要給對方留餘地、盡量偶爾糊塗和相互信任。遵守這三條規則，也就是為婚姻承擔責任。

這樣的較量，你還害怕嗎？要找到維持婚姻長長久久的均衡點，照上面提到的三條規矩去做，承擔起責任是關鍵。

✦ 不要試圖改變一隻「野猩猩」的性格

女人多半都好為人師，尤其對於做男人的老師更是樂此不疲，她們希望在自己的指導和安排下，男人能發揮出更大的潛力，從一隻普通的潛力股成長為績優股。

很多女人在面對一個「雖然不算滿意，但勉強還可以」的男人時，通常都會這麼想，於是，便跟他跨入了婚姻的大門。

可是，你知道這一「跨」是什麼結果嗎？

俗話說「江山易改本性難移」，即便堅毅如愚公，他能帶著兒孫挖掉兩座大山，卻未必能改變一個人的個性，尤其是改變一個男人的個性。男人就像是一隻野性未除的野猩猩一樣，他向來自由散漫，平常把自己當作山中之王一樣，或許到了發情期，牠會順從異性，可是你跟牠說「你別爬樹了，會弄髒褲子」或者說「不要捶胸口，不好看」，那麼，這隻野猩猩大概立刻就野性暴露了。

有很多這種夫妻，他們總是試圖按照自己的價值觀和意願改變對方，甚至為此鬧得夫妻不和、戰火不斷。最後的結果是丈夫沒辦法改變妻子，妻子也沒辦法改變丈夫，兩人關係卻因此愈加緊張、糟糕。

有一對夫妻，曾經非常恩愛，自從有了小孩後就爭吵不斷。原因是丈夫想要自己的媽媽照顧兒子，妻子則想要找個保姆照顧小孩，因為她的婆婆是「鄉下來的」，擔心婆婆把鄉下的壞習慣帶到自己的家庭來影響孩子的成長，婆婆又是長輩，不方便說教，不如請一個保姆。

丈夫認為媽媽畢竟是孩子的奶奶，會認真照顧孫子，有什麼不滿意的地方妻子講一下就好了，孩子還小不會有養成不良習慣的問題，再說還能省下雇保姆的費用。

就這樣，妻子是從養育孩子的角度考慮，丈夫是從經濟、利益的角度考慮，兩人各持己見，誰都不想改變自己。

一天妻子下班回家，看見婆婆正在餵孩子自己咬過的食物，她簡直嚇死了。她更加堅定請保姆的想法，她絕對容忍不了這種壞習慣，堅持要將婆婆送回老家。丈夫的解釋、婆婆的道歉也改變不了她的決定。夫妻的矛盾由此加劇。

其實，夫妻之間在一些事情上持有不同觀點是正常的，但不要試圖去改變對方，因為，不管是誰都會持有一些偏見，這些偏見可以抹殺一個人。人們總是希望對方克服一些毛病，殊不知他如果沒有這個缺點也無法凸顯出你的優點，缺點總是襯托優點，對女人來說，男人永遠是她們的遺憾，總有不滿意的地方。如果雙方在某一件事上暫時無法達成共識，那麼正確的方法就是相互包容。

有位學者說，每個人都是獨立的，不要想從對方那裡得到多少，而是應該培養自己愛的能力。「在家庭裡，夫妻雙方一定要多溝通，千萬不要試圖去改變一個人。」家庭如此，戀人間亦然。

夫妻或戀人之間，最佳的相處方式就是：我尊重你的意願、你尊重我的選擇，我尊重你的興趣、你尊重我的個性。相處得開心就快樂地相處，不高興就各走各的，好聚好散。不要試圖用自己的價值觀、人生觀去改變他人，更不要試圖把自己的意願和意志強加於人，否則，再好的關係也會逐漸疏遠，最終分道揚鑣。

在我們的周圍總是有「頂尖」的人，希望別人圍著自己轉，看別人不順眼或不滿意時，就狠狠指責，按照自己的意願教訓別人應該「怎麼樣」，總覺得自己比別人有能力、比別人強，試圖以自己的言行試圖改變他人。結果呢?改變不了別人，還孤立了自己。

馬克·吐溫（Mark Twain）說：「最不應該去做的事情就是企圖去改變別人。」記得我曾看過一篇短文，說有一個年輕人，很想有所作為，在二十、三十歲的時候，他就對世界宣告，要改變這個世界！但是他碰到很多困難，等到他四十歲的時候，覺得自己很差勁，世界還是原來的世界。那就改變周圍的親人吧。十年、二十年又過去了，他並沒有改變他的親人，反而是親人覺得他很難相處。等到他年邁、彌留之際才恍然大悟：最應該改變的是他自己。

這篇短文告誡我們，人生在世，千萬不要把時間浪費在試圖去改變別人這件事上，不要去做不該做的事，改變別人就是在為自己製造悲劇，這是短文中的年輕人用一生悟出的道理。

有位作家寫過一段話：「人的個性都不一樣，是先天特有的，你改變不了自己，有可能忍耐一時，但你忍不了一世，更不用說去改變別人的個性。」江山易改，本性難移，就是這個道理。夫妻都改變不了對方，何況是關係還沒有很穩定的戀人呢？與其想改變，不如聽聽專家的建議：寬容他人的天性，尊重他人的意願和性格。替自己降低難度，培養愛的能力去包容他人！

能爭也能忍，能屈也能伸

結婚以後，家裡到底誰說了算？剛結婚的時候沉浸在愛情中的人基本不會想到這點，可是再美的愛情也經不起生活的「摧殘」，有些爭執是在所難免的，這時誰說了算的問題就浮上了水面。就算養一群羊也有隻領頭羊呢，何況是一個家。

並不是說兩個人好得像一個人似的就可以證明婚姻很成功和幸福，距離產生美是很有道理的。婚姻就好比是一個小小的機器，只有每個零件都發揮自己的作用，這部機器才能穩定運作。在婚姻中盡快確定各自的地位和作用，才能讓這個家早點成長、成熟。

在婚姻中，兩人應該保持一定的距離，留給彼此一定的空間，一定要主張自己該有的權利，這並不是自私的表現。就像法律和道德，它們都會約束人，可能有些時候會讓人覺得拘束，但就是因為有了這些規範，大多數人的生活才能在正軌上運作。

我們可以把婚姻中權力的爭奪看成是一種另類的心理博弈，在這個過程中，我們需要恪守一定的規則。

我們要做個能屈能伸的「大女人」，凡事深思熟慮，不意氣用事。能忍耐的人是博弈中被看中的對手，有耐性的人更能保持理智，因此看清形勢以決定自己下一步的行動，衝動的人做事只圖一時痛快，考慮不周全，「猛將」只能衝鋒陷陣，真正做主的還是冷靜的「軍師」。

有的時候，稍微利用自己身為女人的優勢，稍稍示弱，比你衝上去潑婦罵街，把自己弄成一個蓬頭垢面的瘋女人，效果要好很多。心理博弈中，我們關心的是最終能否得到一個好的結果，在過程中放下一點面子，也是可以接受的。

記得你的最終目的是維護這個家，有的時候女人太好勝，什麼都要爭輸贏，為了壓制丈夫而耍手段，這樣，即使你贏了，你又能得到什麼？得到的只能是一個唯唯諾諾，隱藏了心中的不滿，不知道什麼時候會爆發的丈夫。婚姻中的博弈，我們要的不是完勝，而是要求公平分配雙方的各項權力，就好比是你們要去旅行，你要去山上；他要去海邊，你只要能提出自己的意見，並且與他討論，你的意見能得到重視就可以了。而不是說，你說去哪就去哪，這樣你們的旅行也就是浪費錢找一個不情不願的旅伴罷了。

婚姻中的較量，如果你能把它變成一種樂趣，那就很完美了。這畢竟是一場競爭，很容易傷了夫妻間的和氣，但是也有人會做得很巧妙，讓這種博弈變成一種良性競爭，增加夫妻間的情趣。

在愛情的博弈中，「欲要取之，必先予之」是一門智慧。朋友思薇想買一件衣服給媽媽當作生日禮物，於是她先和丈夫商量要去看公公婆婆，然後趁打折花私房錢買了婆婆想要的果汁機，以自己媽媽的名義送過去，婆婆果然不好意思想要回禮。丈夫很高興地說他來買，然後回家要把思薇買果汁機的錢補給她，她趁機提出買衣服的打算，還說順便當做生日禮物，丈夫覺得思薇這是向著婆家，為自己家省錢，心裡很滿意。

我們還可以把不好決定的事換一種方式解決。

小張夫妻都鑾懂投資理財的，但又對怎麼投資經常產生分歧，如果把兩個人的錢分開投資覺得好像陌生人，合起來投資的話不知道聽誰的，投資效果不好還會互相埋怨。結果他們想了一個辦法，以兩個月為期限，拿出一半的錢出來再分成兩份，兩個人各自投資，賺錢比較多的負責家裡下半年的理財。這樣兩個人常常比賽，因此很有共同話題，理財能力也有進步。

不管如何，在婚姻中的愛情博弈我們看中的是結果，目的是促進婚姻和諧，同時保障自己的生活，不要過於軟弱而放棄權力，也不要過於功利而失去自己的幸福。

✦尊重對方的「地雷」

雖然結為夫妻就是世界上最親密的人，但是歸根結底每個人還是一個個體，不可能兩個人完全合二為一。即使結了婚，各自也仍會保有自我。找到自己的底線，提前約定好，這對於婚姻是很好的。

夫妻關係基本屬於合作關係，雙方的首要任務是努力把家庭經營得幸福美滿，但是，一旦遇到利益衝突時也會想要先滿足自己的需求。雖然合作可以創造一加一大於二的價值，但是保持合作一直沒有背叛也是很困難的。像小說裡那樣完美的婚姻，一直相愛，忠於對方白頭到老，現實生活中太少、太少了。我們已經長大了，就不要再作那種夢了。羨煞旁人的婚姻不也會出現過第三者嗎？你有上策我有下策，維持家庭穩定的大局才是關鍵。

找到自己的底線並提前說出來，這樣雙方都知道對方的底線，才能盡量不去傷害對方，同時也不被對方傷害，這比觸犯了對方的底線，傷害了對方之後才知道底線在哪要好得多。

有一句話說，世界上沒有永遠的敵人，也沒有永遠的朋友。說的就是任何合作關係都不是絕對穩固的，有合作就有可能出現背叛，合作的雙方雖然表面和諧，但其實心裡都有自己的想法。就像簽合約的時候就提前約定雙方的責任與義務，這並不是指商業合作裡就只有冷漠，而是為了減少糾紛，把「醜話說在前頭」比事後打官司更好。

人的成長環境不同，注重的東西也不太一樣。有人注重隱私，有人喜歡炫耀；有人喜歡跟老人同住，有人恨不得跟老人可以離多遠就離多遠；有人不喜歡別人欺負小動物，有人不把小動物放在心上；有人喜歡別人跟自己的小孩玩，也有人不允許別人碰自己的孩子。

人在大多數時候，選擇怎麼對待別人的方式都是出自自己的習慣，以己度人，把自己愛吃的東西給別人，覺得是「犧牲」了自己的利益，是對別人好。其實，也許你最愛吃的東西，別人吃了會過敏。同樣，自己不介意的事情並不代表別人不介意，比如說家裡有客人來，習慣幫客人夾菜，表示熱情，可是萬一客人有潔癖，豈不是尷尬了？如果一開始，客人就把自己的「習慣」說出來，那麼就可以避免尷尬的發生，過日子也應該這樣。

在雙方知道各自的底線之後，就要看雙方怎麼做了。一定要堅決地維護對方的底線，這樣對方才會尊重你的底線。如果人家已經「把醜話說在前頭」，而你不放在心上，這樣也是很容易引發家庭戰爭的。

有的人的負面情緒是累積式的，可能你一次兩次踩他的地雷，他能忍下來，但是次數多了，他就會直接「大爆發」，說實話這樣的人比「一觸即發」的人要難搞多了，因為不容易了解規律。

所以最好的做法還是從一開始就堅決不碰對方的底線，這樣的話對方也會因為感激而更加尊重你。

琳琳嫁給一個年輕並且事業有成的人，這個人各方面條件都很好，兩人是父母安排相親然後結婚的。琳琳隱隱察覺丈夫心裡有事，或者是——心裡有別人，偶然間，她發現丈夫小心收藏了一個小鐵盒，她覺得這個小鐵盒很可能能夠告訴她，為什麼丈夫常常覺得不快樂，而那個盒子並沒有上鎖。

但是琳琳覺得這應該是丈夫的傷心事，而丈夫從結婚以來也盡到一個做丈夫的責任，於是她決定尊重丈夫的隱私。三年後，丈夫把盒子拿到了琳琳眼前，裡面是丈夫初戀女友的照片，她在四年前溺水而亡。丈夫感謝琳琳的尊重，為自己保留了一個小小的空間。然後，丈夫把小鐵盒送給了前女友的家人。因為他已經不用再靠回憶活下去，他決定要好好對待妻子，幸福地活下去。

雖然每年的某天，丈夫都會悄然離開，去前女友的墳前送上一束花，丈夫因此而覺得愧對妻子，但是在生活中更加體貼。

琳琳照顧丈夫的底線，換來了美滿的家庭生活，一點點寬容和尊重，讓生活從此不同。

「偶爾糊塗」是婚姻的「長壽祕笈」

如果愛情只有一個曲調的話就演繹不出美滿的婚姻樂章。愛情會在婚姻的長河中慢慢融化，能維持婚姻是因為彼此的尊重、忍讓、理解與信任，更重要的還有責任和包容。

婚姻永遠是社會學的熱門話題。很多人都在討論經營婚姻是責任多還是感情多。我們上一輩的婚姻大部分都是「媒妁之言」，很少有自由戀愛，但是他們的婚姻多數都很穩固，因為那時的人們懂得婚姻有的時候需要「差不多就好」。婚前不太認識，如果有愛的話也是在結婚以後相處才產生的，能夠使他們白頭偕老的就是責任，更是包容。責任感對維持婚姻的穩固產生很重要的作用，這一點毋庸置疑。所以「偶爾糊塗」，何嘗不是婚姻的「長壽祕笈」。

現代社會充滿了誘惑，城市有時就像個陷阱，張大嘴等你掉進去。假如失去了責任的約束，放任自己內心的各種私欲，那麼欲望氾濫的結果就是愛情的枯萎、婚姻的死亡。婚姻中，我們要面對的問題太多，如果我們真的眼裡容不了一粒沙，那要過好日子應該很難。

所以我們應該掌握分寸，在婚姻生活中時時提醒自己，遇事能以家庭為核心，時時考慮到自己在家庭中所扮演的角色，那麼，婚姻就會穩固又健康。

榮華富貴誰都想要，但如果是以夫妻長久分離為代價，那麼大部分人寧可不要榮華富貴。原因很簡單，家庭的責任需要共同承擔，感情需要相守在一起才日久彌堅，婚姻需要兩情相伴才能長久。家庭生活是由一件件小事累積而成的，其中的酸甜苦辣必須親自體會才能知道，而身為夫妻，只有共同體會、共同進退、共榮辱，才是真正意義上的夫妻。在這個世界上，無論男人女人，並不是所有的人都適合結婚。婚姻中的人，或多或少都要犧牲一些東西，才能保持婚姻的穩定和長久。不想犧牲只想得到的人，不願受一點委屈的人，是不配擁有婚姻的。

在你選擇婚姻的同時也就別無選擇地承擔了家庭責任，不管你願意與否。責任是不可以選擇的，不去承擔就是逃避。婚姻的魅力在於其包容性，家庭成員之間不是服從與被服從、主要與次要的關係，他們是平等、互愛的關係。誰沒有自己的理想，又有誰不懂幸福的滋味？家庭不同於社會的地方就在於家中充滿自覺的愛，而這來源於每個家庭成員無私的奉獻，這奉獻源於對家庭的責任感。家庭中的每個成員在為對方作出犧牲時，潛意識裡都希望得到愛的回報，包括情感上的、言語上的和物質上的。

因此說，家庭中的犧牲和奉獻絕不應該是單方面的。在一個家庭中，只接受而無奉獻的人是最自私的人。追求個人理想的實現是崇高的，但以犧牲別人來成全自己，就顯得渺小了。理想可以不實現，但責任一定要承擔，有了責任感的人，在婚姻中就很少會向對方追根究柢，說到底，每個人都有過去，每個人都有祕密，每個人都有傷口。

有一對夫妻結婚已經十年了，兩個人的日子看起來過得很和諧。妻子是一個女強人，在事業上很成功，丈夫在事業上沒有妻子強，大部分時間在家帶小孩、做家事。照理說互補的兩個人過得還算不錯。

有一天，妻子身體不舒服去醫院檢查，結果卻是癌症，只剩一年多的生命了。妻子得知後提出與丈夫離婚，眾人十分不解，她卻說：「如果我沒有得病，我可能還會堅持和他在一起，但是我現在沒有時間了，我想讓自己過得快樂一點。他配不上我，事業上不求上進，我也不想做女強人，但我為了維持生計必須強大。」

這段婚姻之所以能保持這麼長的時間，真的要感謝女人的「睜一隻眼，閉一隻眼」，如果不是生命即將走向終結，也許這段婚姻還可以延續下去。

第10章 不要試圖打敗誰，而是一起贏世界

在愛情裡我們要的不是誰對自己俯首稱臣、言聽計從，我們之所以這麼費心費力，即使不能達到「一生一世」「執子之手，與子偕老」，至少，我們的目的是美好的，我們費盡心思想到達幸福這個目標，僅此而已。

失敗不是因為太笨，而是因為太精明

職場上，越是精明的人越能識破奸詐的陰謀笑到最後；實驗中，聰明的人能頭腦清晰地計算出準確的數字；可是愛情中呢，精明的人不一定能擁有美好的結局，笨笨的人也不一定就得不到幸福。因為愛情是兩個人不合常理的互動關係，再精密的計畫也抵擋不了老天跟你開一個小小的玩笑。

愛情不是能用計算機算出來的，聰明的人知道什麼時候進攻，什麼時候該以退為進，她知道怎麼得到自己想要的；怎麼對症下藥地對付自己的對手；怎麼利用人性的缺點，可是她還是輸了，輸得徹底，因為愛情禁不起太多算計與欺騙。

機關算盡就算得到了愛情也不一定會幸福。我們說愛情需要用智慧去守護，但是又說不能太精明，這是不是有點前後矛盾？其實不會。你想想，你愛的人是即將與你共度下半生的人，你們的關係是最最親密的，如果你對和你這麼親密的人都要處處算計、處處提防甚至撒謊的話，那你們能幸福嗎？撒一個謊，就要用一百個謊來圓，能騙多久？夫妻之間最需要的就是信任，愛情面前要以真誠為本。我們會教大家怎樣用「詭計」守護愛情、處理愛情中發生的一些問題，但這一切都要建立在對愛情真誠的基礎之上才能進行。

我們常聽說，在大學裡，男女交往，雙方多少會買一些禮物送給對方，在分手的時候，兩個人會先談論把各自送給對方的禮物要回來。聽起來好像很可笑，但這種事卻時常發生。不知道這樣的人是不是在談戀愛的時候對錢也是這麼公事公辦的，男女朋友這麼親密的人有必要算得這麼清楚嗎？除非當初在一起時就想好了不會走到最後，把愛情當作無聊時的消遣品。如果是真心相愛，就不要計算太多。每個女生都不會喜歡自己的男朋友買禮物給自己以後一直說花多少錢，吃飯一直算一人一半兩人誰應該付多少，天天算真的很煩。

愛情和其他事不一樣，光靠精明的頭腦是不行的。在愛情裡多一些真誠相待，少一些算計，得到的幸福反而會更多。

最好的夫妻就像兩個有交集的圓圈

美好的邂逅、轟轟烈烈的愛情、圓滿的結局似乎是每一部言情小說的公式。我們長大後才發現，言情小說畢竟只是小說，跟現實不一樣。曾經年少輕狂的很多人都有過轟轟烈烈的愛情，但大多數都夭折在愛與痛之間。

小莉與阿楠是一對青梅竹馬，兩人從小一起長大，因為有共同的興趣，一起努力考上了同一間大學。兩人感情很好，每天形影不離。阿楠在大二的時候開始打工，賺到的錢幾乎都買了禮物逗小莉開心，那時候的他們簡直是學校裡的完美情侶，讓人超級羨慕。阿楠更是被那些有男朋友的女生當做榜樣來教育自己的男友。還有一些大膽的女生追求阿楠，阿楠都婉言拒絕，小莉在愛情的籠罩下度過了四年大學時光。

畢業後，小莉找工作四處碰壁，心情十分低落便經常和阿楠吵架。由於阿楠的成績很好，又有很多打工時累積的工作經驗，很早就被某公司錄取了。阿楠安慰小莉，讓她不需要太著急，反正他也能養活她。阿楠有時候工作忙加班到很晚，小莉責怪他冷落她，對他發脾氣。阿楠被逼得越來越沉默，小莉則更氣急敗壞，常常因為一點小事罵很久。終於有一天，阿楠忍無可忍爆發了，打了小莉一巴掌，這一下把十幾年的感情都打散了。小莉拖上行李箱毅然離去。

關於初戀的回憶，似乎總是這樣，狠狠愛著，卻也狠狠傷害著。美好地相識，轟轟烈烈地相愛，最後迎來痛苦的結局是大部分初戀的真實寫照。不是因為不愛而分手，而是再也承受不起愛情帶來的傷害而分開。相愛著的我們就像是兩個渾身是刺的刺蝟，愛得越深越想緊緊地抱著對方，可是這樣又不得不承受被對方的刺所帶來的傷痛。帶著傷口繼續下去，遲早有一天會因承受不了而分開。小莉和阿楠在分開後也仍然愛著對方，只是再也不能在一起了。稚嫩的愛情禁不起生活和時間的考驗，總會因為一些原因而結束，沒有誰對誰錯。

想要永遠維持愛情的最好狀態，應該學著當永不重疊也不分離的有交集的圓圈，你中有我，我中有你。有共同的生活圈，兩個人撐起一個家。對方在你的心裡占有最重要的地位。兩個人朝夕相處，一起吃飯，一起感受陽光。

兩個圓圈，各有各的生活空間，各有各自的朋友，男人偶爾會和朋友出去喝喝酒，女人偶爾會和朋友聚一聚。彼此有只屬於自己的記憶與過去、有只屬於自己的朋友、有只屬於自己的親人，這是屬於自己的空間。

當兩個有交集的圓圈，不重疊也不分離。兩個人堅守曾經許下的不離不棄的諾言，誰也不掛在嘴邊，卻一直信守諾言，兩個人有各自的圓心，誰也不會在愛中失去自我。

像兩個圓圈那樣，擁有自己獨立的生活空間，而且以對方為重心，平平淡淡才能一直保持愛情的最好狀態。纏得太緊會讓愛情無法呼吸，時間久了就會變質。真正的愛情不是你儂我儂，而是柴米油鹽醬醋茶中的小甜蜜，不會每天黏在一起，而是兩人之間維持一個距離，這個距離正好可以容納一個冰箱，把愛情放裡面，時不時保鮮愛情。

保持一個不近不遠剛剛好可以為愛情保鮮的距離，說起來容易，做起來難，需要兩個人十分的信任、默契、包容與理解。

別把愛情演成「偵探片」

生活在高離婚率的世界裡，在婚姻中常常處於弱勢一方的女人，沒有安全感是很正常的事。但是，如果你天天疑神疑鬼，今天偷看簡訊，明天翻聊天紀錄，後天改成跟蹤，哪個男人能受得了？

曾經看過一則新聞，一個條件很好的男人（外形俊朗、碩士學歷、工作穩定），挑選妻子的時候跌破大家眼鏡選擇了一位外貌平凡、家世平凡，甚至大自己兩歲的女子。兩人的婚姻讓這個妻子猶如做夢一般，她覺得自己是到了天堂，丈夫人優秀，對她也很體貼，但是她又經常充滿了不安，怕丈夫突然改變主意，喜歡上別人。

可是，因為對自己的丈夫充滿崇拜和愛意，她並不想破壞自己的生活。她把自己的不安深埋在心，卻又不能控制地想要得到丈夫不會離開她的證據。剛開始的時候，她會聞聞丈夫的衣服有沒有香水味，有沒有長髮，後來發展到仔細檢查丈夫的口袋，由於丈夫的電腦設了密碼，她無法破解，心裡就懷疑著裡面有祕密。

終於有一天，她做了一個讓她後來後悔不已的決定——在丈夫的鞋子裡面裝竊聽器，一開始，她緊張到睡不好覺，後來因為每次播放錄音都發現丈夫很老實的證據，安全感讓她如痴如醉，可是最後，夢還是碎了，丈夫鞋子壞掉了，在修鞋子的過程中發現了竊聽器，然後很快地套出了實話。丈夫很震驚，他精挑細選出來的溫柔賢慧、能給自己溫暖的女人竟然會做出這種事情來！

經過考慮，他選擇了離婚，雖然妻子苦苦哀求，但他堅決不能和這麼「可怕」的女人一起生活。妻子也是很不好意思，最終同意離婚。

也許，每個女人都有缺乏安全感的時候，但是，不可以用這樣極端的方法去解決問題。我們的建議是：

從自己著手，由內而外地為自己創造安全感。

自信的女人、美麗的女人、優雅的女人、優秀的女人永遠是受歡迎的，只要永遠不變成黃臉婆，永遠保持魅力，那麼你就算是「立於不敗之地」了。

結了婚的女人，更應該懂得挖掘自己的優勢，散發自己獨特的光彩。穿衣服要得體，不要為了方便就蓬頭垢面。只要你努力，不用花很多錢也可以有出眾的外表。不要以為已經嫁人了就可以停止控制自己的身材，他可能因為你的窈窕而更加愛你。

不要停止你學習的腳步，不當被社會遺忘的女人。即使再不喜歡，也要關注新聞的財經版，不要一開口談的總是八卦或是哪裡的菜便宜。多讀幾本書，這樣你才會言之有物，氣質可以慢慢培養，學習舞蹈、繪畫、音樂並不是小孩的專利。

擴大自己的交際圈子，交更多的朋友，擁有自己的業餘生活，即使他沒時間陪你，你也不會寂寞。不要每天就是工作和家庭，天天盯著老公，閑得無聊的女人就是會疑神疑鬼。

財務也要獨立，至少要有屬於自己的存款，充分了解家中的財務狀況。手裡有錢，心裡不慌。經濟上不完全依靠男人，才能減輕女人的不自信和不安全感。都說無欲則剛，你什麼都有了，少了他不至於活不下去，你就不會擔心自己的老公「有情況」了。

做到以上這幾點，就不是你擔心丈夫變心，而是丈夫擔心你變心了。

從男人的角度來講，他們是想要找一個認同自己的妻子。筆者認識很多男人都說過想要自己的老婆是信任自己的。所以，疑神疑鬼的女人，經常會表現出不信任自己丈夫的言行，這樣的女人是最容易讓男人厭倦的。

給予丈夫應該有的信任。如果真的開始懷疑，也千萬不要歇斯底里，或者是偷偷尋找所謂的「證據」。

正確的做法是，在你沒有明確證據的時候，用小小的吃醋、小小的撒嬌來表示自己的不滿。這樣做，如果男人真有不軌之心，他就會收斂，如果他心裡無愧，你就當是恰當地表示對他的重視，滿足一下他身為男人的虛榮心。

如果有了明確的證據，也該好好地談談，這時候發火是解決不了任何問題的。

重點是，男人喜歡信任自己的女人，如果不想讓丈夫厭惡，別每天對他怪裡怪氣、疑神疑鬼的。

外鬆內緊，教好「出錯」的男人

老公出軌了，但是很快就道歉了，你該怎麼對待他？或者老公有出軌的跡象但是沒有真的出軌，你又該用什麼態度對待他呢？這些都是很多女性會遇到的問題。很多女性會理所當然地認為，自然是對老公採取緊迫盯人的態度，以防他再次犯錯。這種想法並沒有問題，但是事實上如果你真的這麼做了，那就意味著你的老公離真的出軌也不遠了。

男人都是有自尊心的，既然他出軌後又回到你身邊，或是想出軌卻沒有，那就代表他對你有感情，他還想保住這段婚姻。如果這時你卻對他緊迫盯人，那在他眼裡就是你對他不信任。這樣老公很可能會產生反向心理，覺得既然你不信任他，那他索性一不做二不休，乾脆真的（再次）出軌。這樣你不但沒有達到顧好老公的目的，還親手把老公推到小三懷裡。

其實，想顧好出錯的老公非常簡單，只要採取外鬆內緊的策略就可以了。表面上你要給他自由，不要因為他犯了錯就把他盯得死死的。但實際上，你要牢牢把握他的每一個動向，不要讓他脫離你的掌控。這樣，老公有了面子，你得到了裡子，大家皆大歡喜，不是很棒嗎？

大家可能會疑惑，怎麼做到外鬆內緊呢？其實這也很簡單。比如說，你不干涉老公的社交活動，但是你可以控制他的資金，把家庭的財政大權掌握在手裡，每天計算好大致的消費然後給他零用錢。這樣即使老公想做壞事，沒有錢也是不可能的。還有，可以籠絡好老公的朋友，把他們也變成你的朋友，這樣，你就會多出許多「線人」，一旦老公有什麼風吹草動，自然會有人來向你報告。當然，這些都要做得不著痕跡，如果太僵硬、太明顯，那就是給老公話柄，讓他有證明你小心眼的證據。那你就得不償失了。

外鬆內緊不是單純的放羊吃草，也不是單純的緊迫盯人，而是一種恰到好處的態度，讓老公明白你的想法：你還想跟他一起生活，也能接受出錯的他，但是你不能完全地信任他，想要得到你的信任，就要看他的表現了。這樣的心理老公絕對能理解，於是你的目的就達到了。

可能有些人不理解，既然還想跟他一起生活，為什麼不乾脆完全信任他呢？不是說信任是婚姻的基礎嗎？確實，信任是婚姻的基礎，沒有錯，但這是建立在你們間的感情沒有裂痕的基礎上。但是，現在的情況是老公出了錯，你要好好教他，那就不可能再像以前那樣對他全然信任了。因為，如果他有那麼好的自制力的話就不會犯錯了。而且，如果你對老公出的錯不聞不問，他說會改你就完全相信，那麼老公反而會不放心。他可能會認為你是在敷衍他，你根本就還是不信任他。這樣的胡思亂想之下，你們的婚姻可能又會迎來一次危機。

所以，要使出錯的老公改進不能一味縱容，更不能嚴加看管，這兩點都會讓你們離得更遠。只有鬆緊結合，讓他在放鬆的同時又有一定的緊迫感，才能真正起到「威懾」和「降伏」的功效。

外鬆內緊的政策除了能讓老公服服貼貼，還能幫你在老公的朋友們當中贏得好名聲。畢竟，朋友間再親密也是外人，他們看到的都是表象，他們只能看到你對老公不計前嫌、寬容大方，而老公自然也不可能對朋友們說自己因為犯錯而被老婆看管的事。這樣在老公的朋友心目中，你的地位也會鞏固很多。不要忽視朋友對男人選妻子時的影響，成龍之所以選擇了林鳳嬌，就是因為他的朋友們比較喜歡林鳳嬌當自己的大嫂。

如果你對老公看得太緊，老公的朋友們就會說你是「河東獅」，說老公是「妻管嚴」，這樣，好面子的男人就算再愛你，也可能會因為朋友的嘲笑而疏遠你。所以，外鬆內緊，在朋友面前為他留面子，也能讓他從心裡感激你，因為他知道是自己做錯事，而你還是能這樣為他著想，這樣的女人怎能不令男人感動。

其實，不用擔心自己做不到外鬆內緊，只要能做到不傷他自尊，並且給足他面子，大部分男人其實不介意老婆管自己。男人們並不傻，他們知道老婆做什麼是為自己好，只要你做得夠巧妙，那麼，你的老公就能被你牢牢握在掌心裡。

愛情最忌「躲貓貓」，合作最重要

莎拉最近發現老公愛德華總是早出晚歸，每次回到家的時候都是精疲力盡，倒在床上就起不來。對於莎拉的關心，愛德華也總是敷衍了事，而且愛德華接到一些電話的時候總是神神祕祕的。看著丈夫這段時間的變化，聯想起最近看的一些電視劇裡面，男主角有了外遇時也是同樣的行色匆匆，莎拉不禁捏了把冷汗。

經過仔細的思考，莎拉確信丈夫一定是在外面有了情人，這段時間早出晚歸肯定是和情人約會。回想起自己結婚以來對家庭和婚姻付出的一切，莎拉就心痛不已，她想下定決心離婚，可是又放不下這幾年的夫妻感情，因此和丈夫開始了冷戰。愛德華也發現了妻子的變化，原本想和妻子好好聊一次，沒想到得到的是妻子冷若冰霜的話：「你是想和我坦白吧。其實我早就知道了，你也不用藏著了，你說你想怎麼樣吧，就算離婚我也沒差。」愛德華聽到這幾句話非常吃驚，連忙解釋說：「老婆你是不是想多了，我沒有想離婚啊。我為什麼要離婚呢？我們不是很好嗎？」「你在外面不是有女人了嗎？我已經什麼都知道了。」「女人？什麼東西啊？你是不是覺得這段時間我忽略你的感受了？其實我是因為工作上的事情太煩了，我又不想讓你跟我一樣煩，所以才沒跟你說。」但是此刻的莎拉已經不相信這些話了，她堅信自己的猜測是正確的。而愛德華看到妻子不體諒自己的苦心，不僅不理解自己，反而因為這些空穴來風要和自己離婚，也憤怒不已，兩個人的關係逐漸惡化。

莎拉和愛德華的做法其實深刻反映了現代社會兩性之間完全不同的處理問題的方式。愛德華原本是為了保護妻子，不讓妻子為了自己的事業擔心、煩惱，而自己又被這些瑣事煩著，所以才會讓妻子有被忽視的感覺，而莎拉又固執地認為丈夫是因為在外面有了外遇所以才會行事古怪。丈夫認為妻子不體貼、不理解，妻子認為丈夫薄情寡義，原本這場冷戰是可以避免的，但是兩個人卻錯過了溝通問題的良機，讓事情不斷惡化。

我們常說夫妻之間要經常溝通和交流，這樣才能有效解決問題，婚姻關係是需要兩個人一起去維護的，光靠一個人的努力是無法維持婚姻關係的，因此在遇到問題的時候，不要認為採取一些極端的方法可以解決問題，要知道，很多時候，正是因為逃避和忽視，才讓兩個人越走越遠。而溝通其實就是資訊的交換，需要兩個人的共同努力，如果一個人「躲貓貓」，而另一個人又無法得到確切的資訊，那麼就會出現資訊傳遞的錯誤的現象。

心理學中提到，資訊有良性資訊、惡性資訊、失真資訊、虛假資訊、親密資訊等等，有的資訊可以促進夫妻關係的健康發展，而有的資訊卻會直接威脅兩人的婚姻生活。溝通光靠一個人是不夠的，這裡也體現了夫妻的合作精神，當一個人傳遞的資訊是良性資訊，並且準確無誤地傳達到了對方那裡，這種溝通才是有效溝通。如果一個人傳遞的是良性資訊，而對方卻將其誤解，這就直接導致了矛盾和衝突的出現。

因而建議夫妻之間在處理問題的時候要做到互相理解、常溝通。兩個人只有相互理解才能避免很多不必要的誤會產生。一個明智的女人會非常理性地處理問題，在弄清事情的真相以前，她不會胡亂猜疑，或者因為自己無根據的懷疑而和丈夫大吵大鬧，因為男人最厭煩的就是那種無理取鬧的女人，也許有的時候女人喜歡讓男人猜來猜去，但是如果結婚以後，還是堅持這種猜謎的方式的話，只能讓男人感到無力和無奈。男人都是比較「愚笨」的動物，不要指望他明白所有的事情，有的時候需要你主動來引導他。

同時，要更深入地了解男人的處事方式和性格，只有這樣，才能在你們今後的相處中理解他的某些做法，而不會因為女人的小題大做而給夫妻感情造成裂痕。

所以說，在處理婚姻難題的時候，不要總是採取「躲貓貓」的方式，這樣只會讓問題累積得越來越多，誤會也越來越深。想讓兩個人的婚姻更為穩固和長久，就需要兩個人的共同努力。其實，婚姻也是一項任務，需要夫妻兩個人合作才能完成這項任務。在這個過程中會經歷很多挫折和辛苦，但是只要兩個人互相理解、互相包容，在遇到問題的時候及時溝通，那麼就可以順利化解，畢竟愛情是神聖的、是偉大的，有時候它所產生的作用是我們無法想像的。

真愛之動人，在於它的互動性

愛情這個恆久不衰的話題，永遠走在潮流的尖端！說不完，道不盡！我們無法給愛情下個標準的定義，因為它在每個人心中，都有不同的體會。

愛情之所以能那麼迷人和浪漫，是因為真愛的雙方能做到互動。戀愛不只是單方面的付出，而是一種互動的「遊戲」。

愛情互動最直接、有效的一種方式就是用言語說出來，不要輕視這一句簡單的話，它能將所有愛的資訊全部透徹地傳遞到對方心底。選擇權是自己的，被選擇也是自己的，所以，愛情和婚姻都需要一個正確的支點。

不管多忙，都不要忘記打電話給伴侶；不管多累，都要給對方一個擁抱；不管生活中有多少煩惱，都應該給對方一個微笑。心中有愛，我們就應該大聲說出來，就應該表現出來，用行動和語言表達心中那份溫暖和幸福。

也許愛情是幸福還是痛苦要看每個人在心理層面如何感受它。愛情是一場互動遊戲，你懂它多少它就懂你多少。

愛情的經營，少不了兩人的共同努力。人們的一生是一個相互關心、關愛的過程，人都是有情感的，語言交流就是情感的表達。不要讓對方只用猜想感受你的關愛，而是要讓對方感受到你的心意，這就需要你用言語告訴對方你的愛，還需要用行動來表達愛的程度。愛就是打開心扉，讓它自由地流淌，讓對方看得到、聽得到、感受得到。

交往的時候，發生口角也是難免的，但是如何不讓小口角釀成大問題，這完全取決於兩個人的互動。因為了解彼此、愛著彼此，就不要勉強對方去順著自己的想法走，按照自己的意願改變對方，永遠不要試圖去改變對方。包容對方的缺點，但是這並不代表可以隨心所欲按自己的意願去做，要做的是改變自己去迎合對方，這就是感情上的互動。

即時溝通是愛情中另一項重要的互動。有想法就要及時告訴對方，有事情也不要都自己承擔。我們所要的生活是兩個人的，學會傾訴、學會分擔，有福同享、有難同當才是身為情侶或是夫妻間最溫馨也是最有效的情感互動。為了讓愛情長久，兩個人必須創造出一種屬於自己的生活方式，這樣的方式是適合兩個人的。交流及磨合就是手段之一。

愛情的表達，就是為了給對方看自己的那顆心，看那顆心裡的愛戀、惦記和悸動。對普通人來講，這種以心換心的事最好是以樸素的、細微的、綿長的方式進行，這才和我們的樸素的、細微的、綿長的生活更加吻合。

「我愛你」是人間最美好的語言。戀人之間一句「我愛你」，常常是情感升溫的開始。夫妻之間一句「我愛你」，往往是愛情保鮮的祕方。愛要說出來，要讓對方明白你的愛意，愛也要做，以證明你愛得誠懇。

愛情是雙方的事，需要彼此不斷地努力。得不到對方的認可，戀愛就像演一場獨角戲，愛情需要得到回饋，需要雙方互相認可。愛情是一種很自然的、情不自禁的真情流露、情不自禁喜歡、情不自禁思念、情不自禁牽掛、情不自禁快樂、情不自禁悲傷！它讓人拋棄理智、不計成果、毫無條件地付出！互動就是雙方都情不自禁地願意為對方付出。正因如此，它是人類最純真的情感！

在現實生活中，可能是由於閱歷太淺，男女雙方在談戀愛時經常寄望對方的付出、對方的關懷。殊不知什麼事情都是互相的，總是要求對方付出，就會造成對方的心理、物質上的壓力，久而久之，付出的一方就會逃之夭夭。所以想要成功地戀愛就要學會付出、學會感恩，這樣就會產生互動了。

愛情不僅是實際生活中的柴米油鹽醬醋茶，它還是一件莊重的事情，它需要良好的應對和承諾，需要證實和鼓勵。愛情的表達可以是深夜花園中的吟唱，可以是花前月下的山盟海誓，因為這些都意味著承諾和責任，意味著接受和渴望。從古至今，無論東方還是西方，愛情的表達方式都是多種多樣的，人們用歌聲傳遞愛情、用詩句讚美愛情、用文字記載愛情、用畫筆感悟愛情、用肢體表達愛情、用信物寄託愛情。

不管如何來描述愛情的美好，我們首先要做到的是互動，有了互動，才能了解彼此，愛情才能豐富而飽滿，想將愛情進行到底，就要讓戀愛中的人們好好享受互動所給予的快樂。

希望大家都能好好珍惜每一份情感，因為你選擇了我，我選擇了你。然後攜子之手，與子白首。

◆聰明的女人向來閉上一隻眼

如何經營好自己的婚姻是每個人一生的課題。

女人不是光溫柔賢慧就可以了，還要學會寬容。男人不要只是忙於事業，還要多關心妻兒老小。在婚姻生活中，若發現對方有什麼你認為不太好的嗜好，但又不傷大雅，這時候就要學會睜一隻眼閉一隻眼。這是經營婚姻和使雙方關係融洽的好方法。

有人說：戀愛時要睜大雙眼找對方的毛病，結婚後則要睜一隻眼、閉一隻眼。現實中的男男女女卻恰恰相反，熱戀之中的男女普遍有一種通病，那就是把對方看成絕世公主或是白馬王子。熱戀時，男人的腳臭是有男人味、抽菸是有風度、喝酒是有氣度；女人打扮得花枝招展就是嫵媚、說說笑笑是開朗活潑，反正一切的不足在戀人眼中都成了愛的符號，正所謂情人眼裡出西施。對方在自己眼裡無不是非常完美的戀人。

熱戀的結果就是結婚，當兩個人步入婚姻，過起了柴米油鹽醬醋茶的日子，熱情與狂熱很快減退甚至消逝，取而代之的是生活瑣事，以及雙方原本選擇忽略的缺點開始影響夫妻的生活與情緒。此時，從前欣賞的對方的優點變成了不可容忍的缺點，漸漸的，在妻子眼中，男人的腳臭變成不衛生，抽菸變成有損健康又花錢的不良嗜好。在丈夫眼中，妻子左一件衣服、右一件衣服變成浪費，活潑開朗也變成河東獅吼。婚前能原諒的缺點此時更是變成不可饒恕的罪惡。於是雙方從爭吵演變成「戰爭」，直到雙方撕破臉皮，越來越陌生，最終結果則是家庭破碎的悲劇。

雖然男女雙方在婚前為取悅對方，凡事會做到盡善盡美，不過，只要兩人真誠地交往一段時間，對方的優缺點還是不難被發現的。生活是現實的，愛情是真的，這點不容質疑。兩個人在一起發生一些小爭執時，就不要計較了。「清官難斷家務事」，如果非得弄個清楚，最後只能是公說公有理、婆說婆有理的兩敗俱傷。難怪男人和女人都不斷感嘆：明明是同一個人，差別怎麼這麼大？

其實，完全是自己看問題的角度發生了轉移。

為此，我們還是奉勸大家在尋找另一半時千萬要睜大眼睛，既要有熱情也不應該失去理性，不要忽略對方的任何缺點和不良習慣，如果婚前雙方經常發生一些不必要的爭執，婚後的家庭就不可能和諧、愉悅而且會常常充滿火藥味，輕者吵罵、打架，重者還會出人命。

所以，熱戀中的男女最好保持一點點冷靜、一點點清醒，不妨徵求一下父母與直系親人的看法和建議，俗話說：當局者迷，旁觀者清。特別是父母的觀點最有參考價值，而現實中兒女對父母的意見和看法常常會忽略與否定，結果很多年輕人往往只能在後悔莫及中吞下自己「釀造」的苦酒。

女人在選擇另一半時，是選擇了他的全部，「金無足赤，人無完人」，好的和不足的都是你要的，也都是你要慢慢接受和面對的。男人腳臭，可以幫他洗襪子；男人抽菸，你可以伏在他的胸前，用溫柔的方式告訴他：你很喜歡他抽菸的姿勢，但更希望他有一個健康的身體。男人都是很聰明的，你的諒解與寬容同樣也會讓他不再斤斤計較。當女人穿上漂亮的衣服，他會誇你最美，當你碎碎念時，他不再厭煩，而是認為你說得也有道理。

「睜一隻眼，閉一隻眼」不是麻木的忍讓，而是在愛情最脆弱的時候知道「退一步海闊天空」的睿智；這種方式是彼此諒解和寬容，是更高等級的愛。有太多纏鬥了一輩子仍然還待在同一個屋簷下的男女。誰贏了誰，都是滿盤皆輸。與其糾纏不清，不如偶爾糊塗，你快樂所以我快樂。

今生既然注定兩個人修來了同船渡、共枕眠的緣分，那就共同來呵護這份愛吧，就像一只瓷碗，雖然它有裂痕、有瑕疵，但這並不影響你拿它來喝水吃飯啊。兩個人在一起是要風雨共濟，而不是挑毛病。只要你睜一隻眼、閉一隻眼，愛情的路上總會看到美好的風景。

他和多年未見的好友見面，不小心喝多了。他用眼色向你求饒，彷彿做錯事一樣，他知道如果在平時，你一定會奪過他的杯子，毫不留情地讓他回家。但是今天不一樣，他的好朋友十多年未見，他不想要因為被你干涉讓他在好友面前很沒有面子。

男人愛喝酒，往往是女人的心頭恨。可是，在某些對於他來說特別重要的場合喝酒其實是他的社交需求，如果老婆不是上演「橫刀奪杯」，而是溫柔為他送上一壺醒酒茶，在貴客面前，給他足夠的「面子」，他一定會因此心懷感激。他會找機會將功補過。

當一個男人準備在某些無傷大雅的愛好上隱瞞你時，他肯定有他的理由，要嘛是他覺得這件事情做得不太對需要隱瞞，免得你知道後麻煩不斷，就是他認為是人就應該要有些自己的愛好。就連邱吉爾都有收藏菸斗的癖好，身為妻子就不必糾結這種無傷大雅的事了。

允許一個男人保有自己的一些祕密，其實是對這個男人真正的愛和尊重。即使在最親密的關係裡，也不意味著他的私人空間要被一覽無遺。對聰明的女人來說，可以選擇一個恰如其分的時候，揭露你發現他的祕密了，但發現之後會給予理解和支持。男人將為這樣的「賢妻」而感動。

家庭生活中愛人之間最重要的是尊重和理解、寬容和信任。即使對方做錯了什麼，只要心是真誠的，不是原則上的大問題，就沒必要計較。寬容是善待婚姻的最好的方式，也是愛的精髓，這樣才能使家庭和睦、夫妻恩愛。

電子書購買　　爽讀 APP

國家圖書館出版品預行編目資料

在「被愛」之前，先學會自我療癒：重度公主病 × 慣性疑神疑鬼 × 超強占有慾 × 極度完美主義 × 無底線退讓……在盲目投入愛情之前，先改掉這些有的沒的症頭！ / 胡美玉 著 .-- 第一版 .-- 臺北市：崧燁文化事業有限公司 ,2024.07

面； 公分

POD 版

ISBN 978-626-394-485-5(平裝)

1.CST: 戀愛心理學 2.CST: 兩性關係

544.37014　　11300915

在「被愛」之前，先學會自我療癒：重度公主病 × 慣性疑神疑鬼 × 超強占有慾 × 極度完美主義 × 無底線退讓……在盲目投入愛情之前，先改掉這些有的沒的症頭！

臉書

作　　者：胡美玉

發 行 人：黃振庭

出 版 者：崧燁文化事業有限公司

發 行 者：崧燁文化事業有限公司

E-mail：sonbookservice@gmail.com

粉 絲 頁：https://www.facebook.com/sonbookss/

網　　址：https://sonbook.net/

地　　址：台北市中正區重慶南路一段 61 號 8 樓

8F.,No.61,Sec.1,ChongqingS.Rd.,ZhongzhengDist.,TaipeiCity100,Taiwan

電　　話：(02)2370-3310　　**傳　　真**：(02)2388-1990

印　　刷：京峯數位服務有限公司

律師顧問：廣華律師事務所張珮琦律師

定　　價：420 元

發行日期：2024 年 07 月第一版

◎本書以 POD 印製

Design Assets from Freepik.com